Arena Bibliothek des Wissens

Lebendige Biographien

W0225022

Andreas Venzke wurde 1961 in Berlin geboren und lebt heute in Freiburg im Breisgau. Seit dem Studienabschluss (1986) arbeitet er als freiberuflicher Schriftsteller, Übersetzer und Journalist. Er hat sich besonders mit seinen Biographien über Christoph Kolumbus und Johannes Gutenberg einen Namen gemacht. Seine Kinder- und Jugendbücher wurden vielfach ausgezeichnet.
In der Arena Bibliothek des Wissens erschienen von ihm *Goethe und des Pudels Kern* (05994), *Luther und die Macht des Wortes* (06041), *Gutenberg und das Geheimnis der Schwarzen Kunst* (06180) und *Humboldt und die wahre Entdeckung Amerikas* (06217).
www.andreas-venzke.de

Klaus Puth wurde 1952 in Frankfurt am Main geboren. Nach seinem Studium an der Hochschule für Gestaltung in Offenbach arbeitete er zunächst in einem Verlag für Grußkarten. Seit 1989 ist er freiberuflich als Illustrator für verschiedene Verlage tätig und hat mehrere Preise erhalten.
www.klausputh.de

In neuer Rechtschreibung

1. Auflage 2009
© Arena Verlag GmbH, Würzburg 2009
Alle Rechte vorbehalten
Coverillustration: Joachim Knappe
Innenillustrationen: Klaus Puth
Abbildungen: akg-images, Berlin
Satz: Claudia Böhme auf der Grundlage einer Gestaltung und Typografie von knaus. büro für konzeptionelle und visuelle identitäten, Würzburg
Gesamtherstellung: Westermann Druck Zwickau GmbH
ISBN 978-3-401-06218-1

www.arena-verlag.de

Andreas Venzke

Schiller und die Freiheit des Geistes

Arena

Schiller Schiller

Friedrich Schiller

Schaut man sich heute den Spielplan deutschsprachiger Theater an, wird man immer wieder auf Stücke von Friedrich Schiller (1759–1805) stoßen. Dieser große Dichter, ein Zeitgenosse des ebenso großen Johann Wolfgang von Goethe (1749–1832), ist seit über 200 Jahren tot – aber seine Dramen leben, ebenso wie seine anderen literarischen Werke. Sie gehen heute noch unter die Haut.

Kaum ein deutscher Dichter hat die Sprache so lebendig und poetisch gehandhabt wie Schiller, wenn auch sein Stil heute etwas seltsam erscheint. Ständig werden große Worte gesprochen und große Gefühle gezeigt. Doch dieser Gefühlsüberschwang gehörte zu seiner Vorstellung des Schönen, mit dem er die Menschen und auch die Welt verbessern wollte. Seine Werke sind eine Herausforderung. Sie wollen mitreißen und tief berühren. Schiller schuf sie als große Kunst, an der man sich bilden soll.

Populär ist Schiller auch bis heute, weil seine Werke eindringlich von Freiheit und Freundschaft sprechen. Er schrieb nicht nur ausdrücklich gegen Gewaltherrschaft, sondern er wehrte sich auch in seinem eigenen Leben dagegen. Und er pries die Humanität, forderte, dass der Mensch die Menschen lieben soll.

Sein beeindruckendes Leben wird hier geschildert – das Leben eines einfachen Schwabenkindes, das es sich in den Kopf gesetzt hatte, einer der größten deutschen Schriftsteller zu werden.

Eine unbeschwerte Kindheit

Von Anfang an sehne ich mich mit meinen Gedanken in eine andere Welt.

Marbach ist ein kleines Städtchen in Schwaben im Herzogtum Württemberg. Dort bin ich am 10. November 1759 als Johann Christoph Friedrich Schiller zwei Jahre nach meiner Schwester Christophine zur Welt gekommen. Es hätte aber auch in einer Wirtschaft oder einem Soldatenzelt geschehen können. Soldat nämlich ist mein Vater Johann Caspar. Er wollte etwas Besseres werden, aber das Schicksal hat ihm übel mitgespielt. Sein eigener Vater starb, als er zehn war. Er musste deswegen die Schule verlassen und mit seinen sieben Geschwistern mithelfen, die Familie durchzubringen. Als Feldscher* machte er dann Karriere in einem Husarenregiment. Danach kam er als ziemlich reicher Mann zurück, heiratete meine Mutter und musste erleben, wie sein mühsam erspartes Geld für die Schulden seines Schwiegervaters draufging. Also wurde er im Dienst des Herzogs von Württemberg wieder Soldat und kämpfte im Siebenjährigen Krieg* gegen die Preußen.

** Im hinteren Teil dieses Buches gibt es ein Glossar – dort sind die Erklärungen zu den Begriffen nachzulesen.*

Daher habe ich von Anfang an kein richtiges Zuhause. Bis ich fünf bin, ziehe ich mit meiner Mutter und Schwester dem Vater hinterher. So können wir die Winter zusammen verbringen, weil der Winter dem Krieg nicht gefällt – da sind alle Soldaten im Lager und niemand kämpft. Wenigstens ist meine heitere, liebenswürdige Mutter Dorothea immer für mich da. Sie behütet und schützt mich.

Ab dem Jahr 1762 kehrt mein Vater zurück zur Familie. Als er sich 1764 sogar als Werbeoffizier in Schwäbisch Gmünd fest niederlassen kann, ist für mich die kindliche Zeit des Spiels vorbei. Wir ziehen in das nahe gelegene Städtchen Lorch, wo mein Vater mein Leben in die richtigen Bahnen lenken will. Ich soll wettmachen, was er selbst aus Mangel an Unterricht nicht erreichen konnte. Mit scharfen Worten und Schlägen bringt er mir Disziplin bei.

Schon mit fünf Jahren schickt er mich auf die Dorfschule, und weil ihm das nicht reicht, bekomme ich ein Jahr später noch Privatunterricht bei Dorfpfarrer Philipp Ulrich Moser, einem

strenggläubigen, aber gütigen Menschen. Er erklärt mir die Welt und bald steht für mich fest: Ich will ebenfalls Pfarrer werden, was ganz im Sinn meiner Eltern ist. Ein anderes Studium könnten sie gar nicht bezahlen. Für die Ausbildung der Pfarrer kommt die Kirche auf.

Ich will ein guter Christ sein: Ich schenke noch die Schnallen meiner Schuhe her, auch Hemden und Strümpfe, wenn ich damit einem armen Jungen helfen kann. Mein Vater verbietet mir das schließlich. Mein Ziel aber steht fest. So gern möchte ich Pfarrer werden, dass ich mir oft die schwarze Schürze meiner Schwester um den Hals binde, auf einen Stuhl steige und predige. Alle müssen mir dann zuhören. Und wenn sie das nicht tun, folgt von mir eine Strafpredigt nach.

Leider lässt sich mein Vater 1766 nach Ludwigsburg versetzen, um direkt unter dem Landesvater Karl Eugen* zu dienen. Dort besuche ich die Lateinschule und ich komme mir vor wie aus dem Paradies

vertrieben. Pauken und parieren ist an dieser Schule das Erziehungsmittel. Als Strafen dienen Schreie, Schläge und Kerker. Was für einen Schaden richtet dieser unselige Anfang des Lebens in mir an! Jeden Tag haben wir sieben Stunden Unterricht, der im Sommer um sieben, im Winter um acht Uhr anfängt. In jedem Jahr werden wir in Stuttgart geprüft, in einem landesweiten Examen, bei dem der helle Schweiß aufs Buch tropft. Von der Prüfung hängt ab, ob man wirklich Pfarrer werden und Theologie studieren kann.

Wie klopft da jedes Mal mein Herz! Doch drei Mal schneide ich als Bester ab, bis sich im vierten Jahr alles umkehrt: Ich falle bei der Prüfung durch. Ich büße dafür, dass ich lange krank war und mich, da ich nun zum jungen Mann werde, gehen lasse. Mit einem Schulfreund kann ich mich manchmal stundenlang über unser Schicksal beklagen. Als Ausweg fliehe ich in die Literatur. Ich lese Bücher, wo ich sie nur finden kann. Ich würde selber gern Literatur verfassen.

Trotzdem sehe ich ein, wie wichtig die Schulausbildung für mein Leben ist: Also bereite ich mich noch einmal auf das Examen vor, und zwar so entschlossen, dass sogar meinen Lehrern angst und bange wird. Tatsächlich bestehe ich beim zweiten Mal. Ich erkenne, wie man sich zwingen kann, etwas zu erreichen. Man muss es nur wollen.

Doch wäre es nicht besser für mich gewesen, ich wäre ein schlechter Schüler geblieben? Dann wäre ich dem Herzog nicht als begabt gemeldet worden. Doch so werde ich plötzlich in eine andere Welt verpflanzt, als wäre meine Jugend nicht schon traurig und düster genug.

Alles beginnt damit, dass mein Vater eines Tages bei Karl Eugen höchstselbst vorsprechen soll. Zu Hause erzählt er erschüttert, was der Herzog mit mir vorhat. Ich soll auf seine Militär-Akademie wechseln, die er gegründet hat, um sich Gelehrte als gefügige Untertanen heranzuziehen. Meine Mutter fängt an zu weinen, als sie das hört.

In den nächsten Monaten versucht mein Vater alles, um mich zu Hause zu halten. Er kämpft um mich. Doch der Herzog bleibt hart: Am 16. Januar 1773 stampfe ich bei klirrender Kälte neben meinem Vater her nach der Solitude* bei Stuttgart. Ich versuche, ihm Mut zu machen, und will ihm zeigen, dass ich meinen Mann stehen werde. Vielleicht eröffnen sich ja für mich ganz neue Möglichkeiten, denke ich: Schlimmer als an meiner Lateinschule kann es ja wohl nicht kommen! Wie bin ich unwissend!

Leben im 18. Jahrhundert

Gerade einmal 250 Jahre ist es her, seit Schiller geboren wurde – keine lange Zeit, könnte man denken. Trotzdem lässt sich kaum noch vorstellen, wie anders die Menschen in Deutschland damals lebten im Gegensatz zu heute, wo man sich leicht jeden Tag satt essen kann, ohne Weiteres bis in die entferntesten Orte der Welt reisen kann, bei Krankheit versorgt wird und wo einen keiner mehr zwingen kann, etwas zu tun, was man nicht will.

Vor 250 Jahren gab es noch keinen deutschen Staat, stattdessen etwa 300 Kleinstaaten, meistens von einzelnen Herrschern geführt, die absolute Macht über ihre Untertanen hatten. Diese hatten anspruchslos zu leben und nicht aufzumucken. Über allen stand der Kaiser des sogenannten „Heiligen Römischen Reiches Deutscher Nation“, dessen Einfluss in den einzelnen Fürstentümern aber begrenzt war.

Die prachtvollen Schlösser, wie das Schloss Solitude in Stuttgart, verschlangen Unsummen.

Der Dreißigjährige Krieg lag erst 100 Jahre zurück, in dem um die religiöse und politische Vorherrschaft in Europa gekämpft worden war. Dabei war ein Drittel der Bevölkerung des Reiches umgekommen, unzählige Dörfer waren zerstört und ganze Städte niedergebrannt worden.
Seitdem hatte der Kaiser nicht mehr die Macht, seine Interessen im Land durchzusetzen. Im Heiligen Römischen Reich konnte jeder Herrscher Politik für sein Land machen und war es auch noch so klein und bedeutungslos. Jeder dieser Staaten konnte seine eigenen Gesetze erlassen, eigenes Geld ausgeben und eigene Steuern erheben. Und viele Landesfürsten wetteiferten noch im kleinsten Land darum, pompös zu herrschen. Sie ließen sich prunkvolle Schlösser bauen, vergnügten sich auf Jagdgesellschaften und gaben Bälle, Feste und Diners. Das Geld dafür holten sie von ihren Untertanen, die sie mit Abgaben und Steuern plagten. Und weil so trotzdem oft nicht genug Geld zusammenkam, nahmen sich manche dieser Herrschaften sogar das Recht heraus, junge Männer als Soldaten einzuziehen und sie zum Kriegführen gegen Geld an andere Staaten auszuleihen.
Wer in dieser Welt von der übrigen Bevölkerung seinen sicheren Platz hatte, eine Arbeit, die das Leben sicherte, der duckte sich. Die Strafen für Ungehorsam waren furchtbar. Wer politische Rechte einforderte, dem drohte Kerker oder die Ausweisung. In eine Welt der Freiheit und Gerechtigkeit konnten die meisten nur in Gedanken fliehen – diejenigen, die lesen konnten, auf den Flügeln der Literatur.

Militärische Erziehung

Hätte ich ahnen können, dass ich vom Regen in die Traufe komme, wo es doch hieß, nur die besten Schüler des Landes kommen auf die Militär-Akademie? Es war doch ein Zeichen, dass sogar mein Vater mich in der Familie behalten wollte, obwohl die Ausbildung umsonst ist! Mir werden sofort die Flügel gestutzt. Mit 14 Jahren bin ich eingesperrt in einer schulischen Kaserne. Soldaten wachen über den Tagesablauf. Der Schulleiter ist Oberst.

Im Winter müssen wir um sechs Uhr aufstehen. Es folgt der Frühappell mit Reinlichkeits- und Kleiderkontrolle, dann das Frühstück mit einer Schüssel fader Suppe. Um acht fängt der Unterricht an – im Sommer alles noch eine Stunde früher –, der bis abends um sechs dauert, unterbrochen nur vom Mittagessen und

dem fürchterlichen Mittagsappell, wenn wir vor dem Durchlauchtigsten Herzog strammstehen müssen und unsere Strafen zu empfangen haben.
Dafür müssen wir extra den Paradeanzug anlegen, mit Weste und Rock, Dreispitzhut und Federbusch, Stiefeln und Degen. Auf dem Kopf müssen wir eine Perücke tragen, die zu frisieren eine abscheuliche Arbeit ist. Es gehören sogar ein Zopf dazu und sogenannte Papilloten, künstliche, mit Gips versteifte Schläfenlocken.
Eleven heißen wir und sollen die Kinder des Herzogs sein, unseres neuen „Vaters". Einige von uns sind das in der Tat, hat sie doch der Herzog mit seinen Mätressen* gezeugt. Aber mein Vater wird er nicht sein. Für ihn mache ich mich nicht zurecht – und handele mir prompt Strafen ein, weil ich mich in seiner Uniform nicht ordentlich herausputze.
Ständig werden wir zum Petzen und Anschwärzen aufgefordert. Der Herzog will alles von uns wissen. Er schleicht sogar selbst durch die Flure, auch nachts, und versucht, uns auszukundschaften. In den Türen unserer Zimmer sind Gucklöcher eingebaut. Wenigstens halten wir zusammen,

jedenfalls einige von uns. Ich lerne eines: Freundschaft ist das Einzige, was gegen solche Tyrannei hilft.
Ich vergehe vor Sehnsucht nach meinen Eltern und bin schockiert, als ich erfahre, ich könnte sie erst dann wiedersehen, wenn sie im Sterben lägen.

Im ersten Jahr bin ich als Schüler noch gut, im zweiten mittelmäßig und im dritten schlecht. Oft bin ich krank und liege tagelang im Krankenzimmer, einmal fünf Wochen am Stück. Wenn ich einmal vier Wochen lang keinen Besuch von Schnupfen gehabt habe, ist das ordentlich ein Wunder.
Hinzu kommt, dass ich Jura studieren muss, dieses Fach der Wortverdreherei, das auf dem Auswendiglernen verschnörkelter Gesetzestexte beruht. Ich versuche, in einem Brief den Herzog davon zu überzeugen, doch Theologie studieren zu dürfen. Es nutzt nichts. Er entscheidet über mich und er entscheidet absolut und für die Juristerei. Ich leide unendlich.
Aus dieser furchtbaren Welt kann ich nur fliehen, wenn ich mich in Bücher versenke. Die Gedichte Klopstocks* haben es mir angetan, seine gewaltige Sprache, wenn er in seiner Ode *An die Freiheit* schreibt: „Oh Freiheit, Silberton dem Ohre ...!/Licht dem Verstand und hoher Flug zu denken,/Dem Herzen groß Gefühl."

Dann erfahre ich eines Tages von den Dramen des Engländers William Shakespeare*. Ein Lehrer von uns, den ich sehr verehre, Jakob Friedrich Abel*, liest in einer Vorlesung einige der schönsten Stellen aus dem Drama *Othello*. Ich bin ganz Ohr und bestimmt drücken alle Züge meines Gesichts die Gefühle aus, von denen ich durchdrungen bin. Kaum ist die Vorlesung beendet, begehre ich das Buch von Abel. Von nun an lese und studiere ich es mit ununterbrochenem Eifer. Überhaupt lese ich, was ich kriegen kann, gern auch Werke von jungen deutschen Schriftstellern, die aufmucken, besonders von Johann Wolfgang Goethe*. Sein Buch *Die Leiden des jungen Werther* verschlinge ich, auch sein Drama *Götz von Berlichingen*. Alles das wühlt mich auf und ist die einzige Flucht, die ich antreten kann.

Ich fange selber an, Dramen zu schreiben. Gedichte, Theaterstücke, Romane – das ist in unserer Anstalt das Letzte, was die Aufseher dulden. Eigene Lektüre ist verboten. Aber Leidenschaft für die Dichtkunst ist feurig und stark wie die erste Liebe. Was sie ersticken soll, facht sie an. Die Literatur hält mich am Leben. Sie dringt durch meine Gefängnismauern. Sie gibt mir Hoffnung und eröffnet mir neue Welten – sie und die Freundschaft. Zusammen mit anderen Schülern entkomme ich so dem Tyrannen.

1775 ergibt sich eine Wende: Der Herzog verlegt seine Residenz nach Stuttgart und nimmt seine Schule gleich mit. Bei dieser Gelegenheit eröffnet er auch einen medizinischen Studiengang und bestimmt dafür: mich!

Zuerst erscheint mir die Medizin eine noch schlimmere Lehre als die Juristerei, doch dann erkenne ich darin eine eigene Chance: Die Medizin scheint mit der Dichtkunst viel mehr verwandt zu sein als die trockene Jurisprudenz.

In der Medizin ist vieles im Umschwung und gefragt sind das eigene Urteil und der Verstand. Außerdem verspricht der Herzog mei-

nem Vater persönlich, er könnte mir danach eine Anstellung verschaffen und mich sehr vorteilhaft versorgen.
Fortan werden meine Leistungen wieder besser. Ich stelle sogar meine literarischen Neigungen zurück. Für mein Studium werde ich schließlich mit Preisen ausgezeichnet und sehe als Arzt eine sichere Zukunft vor mir. Aus meiner Verschlossenheit und Einsamkeit breche ich aus und werde ein starker, selbstsicherer, lauter junger Mann, der bereit ist, die Welt herauszufordern.

Württemberg und der Despot Karl Eugen

Die Geschichte der Herrschaft von Schillers Landesvater über das Herzogtum Württemberg könnte für jene Zeit kaum typischer sein. Als junger Mann regierte Karl Eugen (1728–1793) ganz im Sinn des sogenannten Absolutismus: Seine Macht war vollkommen. Er hatte das alleinige Sagen in seinem Staat. Dieser Staat war einer der größten im Heiligen Römischen Reich Deutscher Nation – trotzdem hatte das Land nur 650000 Einwohner, die größte Stadt Stuttgart gerade einmal 20000 Bewohner. Dazu verfügte Württemberg kaum über Bodenschätze und die Landwirtschaft erbrachte wenig. Doch zum Ausdruck seiner Macht veranstaltete Karl Eugen pompöse Feste wie der König von Frankreich, wo allein in Feuerwerken riesige Summen verpulvert wurden. Er selbst fuhr in einer achtspännigen Staatskarosse vor. Das Leben von Menschen seines Standes bestand oft nur darin, sich zu ergötzen und neue Vergnügungen zu suchen. Bezahlen mussten die einfachen Leute, die häufig schlimmstes Unrecht erdulden mussten. Sie hatten keine Rechte und mussten ihrem Herzog dienen, wenn er dies wünschte.

Eine Verpflichtung gegenüber seinen ihm ausgelieferten Untertanen verspürte kaum ein absolutistischer Herrscher – Karl Eugen sicherlich nicht. Erst als sein Staat vom Bankrott bedroht war, wandelte er sich vom tyrannischen Alleinherrscher zu einem aufgeklärten Monarchen, der Wert auf Kunst, Wissenschaft und Erziehung legte und dazu beitragen wollte, seinen Untertanen zu mehr Einsicht und Bildung zu verhelfen – zu seinem eigenen Nutzen allerdings. Ein Resultat seiner Bemühungen war die Militär-Akademie. Dort herrschte er freilich im kleinen Maßstab so despotisch wie zuvor im großen. Die Eleven waren nie für sich, noch auf den Nachmittagsspaziergängen begleiteten sie Aufseher. Sie wurden sogar zu Spitzeldiensten aufgefordert, nämlich andere Schüler zu melden, die gegen die Regeln verstoßen hatten. Es gab für sie keinen Freiraum. Die eigene Familie sahen die Schüler gar nicht mehr. Schiller sah seine jüngste Schwester Nanette zum ersten Mal nach seiner Entlassung aus der Militär-Akademie, als sie schon drei Jahre alt war. Frauen bekamen die Eleven sowieso nicht zu Gesicht. Es gab für die Jungen nicht die geringste Freiheit. Die Sehnsucht danach muss riesig gewesen sein.

Karl Eugen von Württemberg, 1782

Ein dichtender Regimentsarzt

1779 soll für mich ein neues Leben anfangen: Ich will die Früchte meiner Arbeit ernten und lege als kaum 20 Jahre alter Mediziner meine Abschlussarbeit vor. Darin nehme ich mir die Freiheit, frech gegen ein paar bekannte Herren der Medizin anzuschreiben.

Die Arbeit wird abgelehnt. Karl Eugen selbst schreibt: „Daher glaube Ich, wird es noch recht gut vor ihm sein, wenn er noch ein Jahr in der Akademie bleibt, wo sein Feuer noch ein wenig gedämpft werden kann.“ Sonst bestehe ich alle Prüfungen mit Auszeichnung.

Ich schnaube vor Wut. Doch lasse ich mich nicht unterkriegen und schreibe nun gleich zwei neue Abschlussarbeiten.

Und ich bringe meine Wut noch anders in Form. Ich schreibe an einem Theaterstück, das es in sich haben wird. Während alle glauben, ich würde noch in der Nacht bei Kerzenlicht für mein Studium lernen, brüte ich ein Drama aus. Manchmal kann ich mich am nächsten Tag zum Appell kaum auf den Beinen halten, weil ich kaum geschlafen, aber dafür bei Wein und Tabak gedichtet habe.

Nach meinen ersten Versuchen als Schriftsteller, die eher der Übung dienten, habe ich nun ein Thema gefunden, was alle zum Äußersten reizen wird: *Die Räuber.*

Ich habe die Geschichte bei unserem schwäbischen Dichter Christian Daniel Schubart* gefunden, der sie 1775 veröffentlicht hat. Ich erweitere seine Darstellung: Bei mir geht es um einen Edelmann, der zwei ganz unterschiedliche Söhne hat, Karl und Franz. Der von Natur aus hässliche Franz will seinen Vater ins Grab treiben und beerben. Dazu muss er seinen Bruder Karl loswerden. Er zettelt eine Intrige* an und bringt seinen Vater dazu, Karl zu verstoßen. Der schließt sich deswegen einer Räuberbande an und rächt sich an der Welt, die ihm Unrecht getan hat. Am Ende müssen beide für ihre Untaten büßen. Mit diesem Drama will ich groß rauskommen. Es soll den Herzog bis aufs Blut reizen. Das ganze Jahr 1780 schreibe und arbeite ich an dem Stück.

Am Ende dieses Jahres, am 15. Dezember 1780, hat mein Leiden endlich ein Ende: Ich werde als Mediziner aus der Militär-Akademie entlassen. Hinter mir bleiben die Gitterstäbe, vor mir steht die Arbeit als Arzt, die mir Geld einbringen wird. Dazu trage ich im Gepäck noch eine andere Hoffnung: ein Manuskript, das mir ganz neue Wege eröffnen soll.
Doch mein neues Leben beginnt mit einer herben Enttäuschung. Zwar werde ich Arzt, aber was für einer! Wie bin ich betrogen! Der Herzog lässt mich Feldscher sein, wie meinen Vater, nicht mehr. Er teilt mich der heruntergekommensten Truppe seiner Armee zu, die hauptsächlich aus Invaliden* besteht. Ein richtiger Arzt bin ich nämlich gar nicht, weil ich ja an keiner richtigen Universität studiert habe.

Inzwischen habe ich das Schauspiel druckreif niedergeschrieben. Nur wie finde ich dafür einen Verleger, ohne mich deswegen überall ins Gespräch zu bringen? Mein Freund Petersen erklärt sich bereit, es außerhalb von Württemberg anzubieten. Als er damit keinen Erfolg hat, sehe ich keine andere Möglichkeit, als das Stück auf eigene Kosten zu drucken. 150 Gulden kostet mich das, ein Vermögen! Sobald ich die ersten Druckbögen in der Hand habe, schicke ich die an einen Buchhändler nach Mannheim. Nach recht kurzer Zeit bekomme ich ein Schreiben des Mannheimer Intendanten Wolfgang Heribert von Dalberg. Der zeigt Interesse an dem Stück, nur wünscht er noch einige Umarbeitungen. Ich bin außer mir vor Glück. Am 13. Januar 1782 soll im Mannheimer Hof- und Nationaltheater die Uraufführung sein. Der berühmteste Schauspieler Mannheims, August Wilhelm Iffland*, wird sogar die Rolle des Franz Moor übernehmen.

Die Räuber

Schiller wurde sein Leben lang an seinem ersten Schauspiel *Die Räuber* gemessen. Für alle, die aufbegehrten und etwas Neues wollten, sprach es von Freiheit, von der Freiheit, sein Leben so zu gestalten, wie es einem passte. Weil auch damals viele nicht trennen konnten zwischen dem Werk eines Autors und seiner Person, stellten sie sich Schiller am Anfang wirklich als Räuberhauptmann vor, am besten mit Stiefeln bis zu den Knien und einer Peitsche in der Hand. Stattdessen stand ihnen ein junger Mann gegenüber, der eine schlechte Haltung hatte und schüchtern war.

August Wilhelm Iffland in der Rolle des Franz Moor

Aber sprechen *Die Räuber* überhaupt von Freiheit? Der Held des Stücks, Karl Moor, scheitert am Ende, weil er erkennt, dass jemand, der das Gesetz in die eigene Hand nimmt, „den ganzen Bau der sittlichen Welt zugrunde richten" kann. Karl Moor ist ein negativer Held, der aus moralischen Gründen scheitert.

Trotzdem geht von ihm eine große Anziehungskraft aus. Bis heute werden Figuren wie er benutzt, um die Welt infrage zu stellen. Und ebendas macht *Die Räuber* aus: Das

Stück stellte in seiner Aussage und in seinem ganzen Stil die überkommene Welt infrage. Deswegen sprach es für viele von der Revolution. Und tatsächlich wurde es im revolutionären, im Umbruch befindlichen Frankreich genau so verstanden: 1792 verlieh die Nationalversammlung Schiller allein wegen der *Räuber* das französische Bürgerrecht. Als dieser Vorgang erst Jahre später in Deutschland bekannt wurde, brachte das Schiller in Schwierigkeiten; dabei hatte er weder zu dieser Zeit, noch als er das Stück schrieb jemals einen gewaltsamen Umsturz im Sinn.
Der Drang nach Freiheit, der in den *Räubern* aus jeder Zeile spricht, blieb trotzdem zeitlebens mit Schiller verknüpft, auch wenn dieser es vielleicht nie so gemeint hatte. *Die Räuber* sprechen vor allem davon, dass man sich als Einzelner befreien sollte, dass man sich auflehnen sollte, gegen die Väter, die Herrscher und die Ordnung. Karl Moor spricht es aus: „Mir ekelt vor diesem tintenklecksenden Säkulum" [Jahrhundert].

Auf der Flucht

Auf die Premiere der *Räuber* freue ich mich wie ein Kind und reise für diesen Abend mit Petersen heimlich nach Mannheim. Ich erlebe, wie die Aufführung nicht nur ein gewaltiger Erfolg wird – unglaubliche Dinge geschehen: Das Theater gleicht einem Irrenhaus, rollende Augen, geballte Fäuste, heisere Aufschreie im Zuschauerraum. Fremde Menschen fallen einander schluchzend in die Arme. Frauen wanken, einer Ohnmacht nahe, zur Tür.

Zurück in Stuttgart, werde ich wieder von meinem Dienst eingeholt, eingepresst in meine Uniform, steif und abgeschmackt. Die Zeit schleppt sich dahin, ohne dass etwas geschieht. Ich bin gefesselt in meinem Beruf als Regimentsarzt und befreie mich durch die Dichtung. Warum höre ich nicht wieder von diesem Dalberg? *Die Räuber* sind doch ein Erfolg!

Im Mai fahre ich abermals für drei Tage nach Mannheim. Ich versuche, Dalberg davon zu überzeugen, dass ich gern ausschließlich für sein Theater Stücke schreiben würde, nur müsste er bei meinem Herzog ein Wort für mich einlegen. Schließlich würde der mich nicht so einfach ziehen lassen, hat er mich doch extra für seine Dienste ausbilden lassen. Doch Dalberg bleibt vage.

In Stuttgart spitzt sich die Lage für mich zu. Karl Eugen hat von meiner heimlichen Reise erfahren, ruft mich zu sich und bestraft mich mit zwei Wochen Kerker. Aber ich will mich nicht unterkriegen lassen und mache mich an ein neues Theaterstück, *Die Verschwörung des Fiesko zu Genua*. Es soll *Die Räuber* noch übertreffen – die mögen untergehen, mein *Fiesko* wird leben. Im Kern geht es darum, wie leicht ein Staat in die Hände eines Tyrannen fallen kann, wie jemand überhaupt zum Tyrannen werden kann, wie Tricks, Kabale* und Intrigen zur Macht verhelfen. Ich versuche, alle Register der Theaterkunst zu ziehen und so viele Verwicklungen und überraschende Wendungen einzubauen wie möglich.

Doch schon bald soll mir als Dichter der Todesstoß versetzt werden. Weil Karl Eugen erfahren hat, dass irgendein Schweizer seine Heimat durch irgendeine Stelle in den *Räubern* verunglimpft sieht,

verlangt er Rechenschaft von mir. „Ich sage, bei Strafe der Kassation* schreibt er keine Komödien mehr!“, herrscht er mich an. In meiner Erschütterung schreibe ich ein flehendes Gesuch an ihn, mich nicht des einzigen Weges zu berauben, auf welchem ich mir einen Namen machen kann. Doch Karl Eugen weigert sich nicht nur, mein Schreiben anzunehmen, sondern verbittet sich bei Strafe des Arrests auch alle weiteren. Damit zwingt er mich, mein Leben ganz neu anzufangen.

Am 22. September 1782 ist es so weit. Mit meinem Freund Andreas Streicher haben wir alles seit Tagen geplant. Er stellt sogar sein Erspartes zur Verfügung. An diesem Tag gibt Karl Eugen ein rauschendes Fest mit einer großen Jagd auf 6000 Hirsche und einem Feuerwerk am Abend.

Am entscheidenden Tag bin ich trotzdem nicht richtig vorbereitet. Mir ist beim Packen ein Gedicht Klopstocks in die Hände gefallen. Das beschäftigt mich so, dass ich

noch nicht fertig bin, als Streicher kommt: Ich habe schnell einen anderen Entwurf verfasst, den ich Streicher zuerst vorlese. Der verdreht die Augen. Mir aber ist die Dichtung heilig. Sie wird fortan mein Leben sein.
Im Dunkeln der frühen Nacht besteigen wir eine Kutsche und fahren aus der Stadt hinaus. Wie ein Dieb schleiche ich mich aus meiner Heimat davon. Und als würde der Himmel ein Zeichen setzen, leuchtet rot der Horizont. Es ist die Solitude, wo mein Schinder sein großes Fest feiert. Die Landschaft ist so hell erleuchtet, dass ich Streicher das Haus meiner Eltern zeigen kann. „Meine Mutter!“, schluchze ich. Wann werde ich sie wiedersehen?

Am frühen Morgen erreichen wir die Grenze zur Kurpfalz, die wir ohne Probleme passieren. Ich muss lachen und weinen. Die Flucht ist geglückt. Am nächsten Tag kommen wir in Mannheim an.

Doch als mich der Regisseur Dalbergs vor sich sieht, Christian Meyer, reagiert er regelrecht erschrocken. Dalberg selbst ist nämlich auch auf der Feier meines Herzogs. Nun macht sich Meyer Sorgen, einen Fahnenflüchtigen zu unterstützen. Er bittet mich, Karl Eugen um meine Rückkehr zu ersuchen. Das tue ich ihm zuliebe auch. Immerhin will sich Meyer mein neues Stück anhören.

Ich trage den *Fiesko* am Abend selbst vor, in einer ausgezeich-

neten Runde, vor Schauspielern wie natürlich auch Iffland und Literaturfreunden. Doch ich weiß nicht, was geschieht: Keiner reagiert auf meine Lesung, nach und nach verlassen die Leute sogar den Raum. Ich bin erschüttert und mir wird geflüstert, einige würden sogar glauben, ich wäre nicht der Verfasser der *Räuber.* Ich bin am Boden zerstört.

Am nächsten Tag erfahre ich doch Bestätigung. Meyer hat den *Fiesko* über Nacht gelesen und sieht es nun plötzlich als ein Meisterstück an. Hinter vorgehaltener Hand höre ich, warum es alle für ein Machwerk hielten: wegen meiner schwäbischen Aussprache und meiner Art, wie ich alles deklamiere*. Ich würde alles in dem gleichen hochtrabenden Ton hersagen.

Trotzdem habe ich noch keine Gewissheit über meine Zukunft. Aus Stuttgart bekomme ich Antwort, ich sollte mich dorthin begeben, dann würde ich von der Gnade seiner Herzoglichen Durchlaucht durchaus profitieren. Dem kann ich nicht trauen. Den Dichter Schubart hält Karl Eugen seit fünf Jahren auf der Festung Hohenasperg gefangen und der hat nichts anderes getan, als die Herrschaft solcher Art Durchlaucht zu kritisieren. Mit Streicher beschließe ich, die Flucht fortzusetzen.

Der Beruf des freien Schriftstellers

Wenn man in den vielen Büchern über Schiller liest, erfährt man, der Dichter hätte vor Armut kaum sein Leben fristen können. So entsteht der Eindruck, man müsste ihn erst recht bewundern, weil er trotzdem so große Werke geschaffen hat und noch dazu immer wieder krank war. Ganz stimmt dieses Bild allerdings nicht.
Schiller war einer der ersten Schriftsteller, der versucht hat, nur von Honoraren zu leben, also von dem Geld aus dem Verkauf seiner geistigen Werke. Mit seiner Flucht aus Württemberg hatte er sich entschieden, auch finanziell frei zu sein. Das klappte zunächst überhaupt nicht und Schiller war zeitweilig in großen finanziellen Schwierigkeiten. Ohne Gönner wie seine Freunde Andreas Streicher, später Henriette von Wolzogen, Christian Gottfried

Schillers Schreibtisch in seinem Haus in Weimar

Körner und die Herzöge Karl August und Friedrich Christian wäre er gescheitert und hätte sein Leben vielleicht wie sein Vater als schlecht bezahlter Feldscher fristen müssen. Schiller war ein Meister darin, diplomatisch geschickte Bittbriefe zu schreiben, die ihre Wirkung nicht verfehlten: Es gelang ihm immer wieder, seine Schulden stunden zu lassen oder sogar wieder neues Geld geliehen zu bekommen.

Mit steigender Berühmtheit konnte er aber bald recht hohe Honorare für seine Werke verlangen. Aus dem Jahr 1801 ist ein Finanzplan von ihm überliefert, in dem er ausrechnete, wie viel er in Zukunft verdienen könnte: Auch nach seinem Tod sollte seine Familie genug Geld zum Leben haben. Jedes Jahr wollte er ein neues Drama schreiben, das ihm jeweils 650 Taler einbringen sollte. Hinzu kamen seine Gehälter, Zuwendungen und sonstigen Honorare. Als Ausgaben errechnete er für jedes Jahr 2000 Taler und stolz schrieb er seiner Schwester Christophine am Ende seines Lebens, er würde nun zehnmal so viel verdienen wie sein Vater zu seinen besten Zeiten. Zum Vergleich: Ein preußischer Beamter verdiente zu seiner Zeit 100 Taler im Jahr, ein einfacher Handwerksmeister 200 Taler. Schiller war also, trotz häufiger harter Zeiten, am Ende seines Lebens alles andere als arm. Er bewohnte ein eigenes, geräumiges Haus in Weimar und hatte mehrere Angestellte. Schiller hat es wirklich geschafft, sein Leben als Schriftsteller zu bestreiten. Noch nach seinem Tod konnten seine Ehefrau und Kinder sorgenfrei von seinem Erbe leben.

Vertraglich verpflichteter Theaterdichter

Mit dem treuen Streicher mache ich mich nach Frankfurt auf, zu Fuß, weil uns das Geld fehlt. Dort warte ich darauf, dass Dalberg doch den *Fiesko* annimmt. Schon bald erfahre ich, dass der Intendant das Stück in der vorliegenden Form ablehnt. Damit ist auch jede Hoffnung auf einen Vorschuss oder sonstige Hilfe vorerst dahin.

Mit Streicher ziehe ich in das Dorf Oggersheim, wo wir uns in einem Gasthof ein billiges Zimmer und sogar das Bett teilen. Bei jedem Griff in den Beutel ist schon sein Boden erreicht.

Längst habe ich die Idee zu einem anderen Theaterstück, das ich *Louise Millerin* nenne. Obwohl ich erst den *Fiesko* umarbeiten müsste, schreibe ich mit Herzblut an diesem Drama: Ich schildere darin die aussichtslose Liebe zwischen der bürgerlichen jungen Frau Luise und dem adeligen jungen Herrn Ferdinand, die nicht zusammenkommen können, weil die adelige

Welt bis ins Mark verdorben ist. Das Drama ist die Rache an meinem Herzog, der mich in meine verzweifelte Lage versetzt hat. Zwei Monate harren wir in Oggersheim aus und an manchen Tagen verlasse ich vor Arbeit an dem neuen Stück nur auf Minuten das Zimmer. Erst als die letzten finanziellen Mittel aufgebraucht sind, schreibe ich noch einmal den *Fiesko* um. Doch wieder lehnt Dalberg ab.

Nun bleibt mir nur noch eins: Frau von Wolzogen, die Mutter eines Freundes, die für mich schwärmt, besitzt in dem thüringischen Dorf Bauerbach ein kleines Gutshaus, das ich nutzen kann. Tief bewegt trenne ich mich von meinem Freund Streicher und trete wieder eine Reise ins Ungewisse an.

In dem kleinen Ort finde ich ein Häuschen vor, das wie fürs Dichten gemacht ist. Gekitzelt von der Hoffnung eines unsterblichen Ruhmes, lebe ich abgeschieden von der Welt und arbeite an weiteren Dramen, besonders der *Louise Millerin*. Aber auch ein neues Thema beschäftigt mich, nämlich ein *Don Carlos:* Es soll ein Familiengemälde in einem fürstlichen Hause werden und vor allem von einem Konflikt zwischen Vater und Sohn handeln.
Bald wird mir aber der Ort zu eng. Da passt es, dass sich aus Mannheim der Intendant Dalberg wieder meldet. Er ist doch an neuen Stücken von mir interessiert. Das treibt mich so an, dass ich schon um fünf Uhr früh auf den Beinen bin und vor allem die *Louise Millerin* für das Theater fertig schreibe. Dann verliebe ich mich auch noch, und zwar ausgerechnet in die Tochter der Frau von

Wolzogen. Die wird aber schon von einem Adeligen umworben. Was habe ich da als armer Dichter aus dem einfachen Volk zu melden? Alle meine Gedanken dazu schreibe ich in mein neues Stück.

Auf einem langen Spaziergang mit Frau von Wolzogen selbst verstehe ich schließlich, dass es für mich das Beste ist, Bauerbach und meine Liebe zu verlassen. Im Juli reise ich wieder nach Mannheim und meine größten Träume werden wahr: Dalberg schließt mit mir einen Vertrag als Theaterdichter. Jedes Jahr habe ich gegen ein Gehalt von 300 Gulden drei Stücke abzuliefern. Das sollte mir gerade nicht schwerfallen, habe ich doch den *Fiesko* erneut umgearbeitet, die *Louise Millerin* fertig und den *Don Carlos* in Arbeit.

Ich genieße mein Dasein, lebe das Theaterleben, feiere ganze Abende hindurch, verliebe mich hier und da. Dann wirft mich plötzlich das kalte Fieber* nieder, das in Mannheim umgeht. Tagelang liege ich mit Schüttelfrost im Bett. Wochenlang komme ich nicht auf die Beine und versuche trotzdem zu arbeiten. Schließlich muss ich meine vertraglichen Verpflichtungen erfüllen. Als ich endlich wieder ausgehen kann, dauert es nicht lange, ehe mich wieder das Fieber packt. Zur Abwehr esse ich China-

rinde* wie Brot. Mich hält der Gedanke aufrecht, dass die erste Aufführung meines *Fiesko* ansteht. Als es so weit ist, geht leider das Publikum nicht recht mit, was wohl darin liegt, dass hierzulande republikanische* Freiheit ein leerer Name ist. Umso stärker richtet sich meine Hoffnung auf mein Trauerspiel *Louise Millerin,* das unter dem Namen *Kabale und Liebe* gegeben wird, was sich reißerischer anhört. Tatsächlich wird die Premiere ein großer Erfolg. Diesmal ziehen die Leute mit und feiern mein Stück und mich mit stürmischen Beifallsrufen. Doch gerade in dieser Lage nehmen die Schwierigkeiten weiter zu. Ich komme mit den Frauen schlecht klar. Immer wieder verliebe ich mich neu, mache stürmische Versprechungen und bleibe doch allein. Am Ende bin ich auch noch in eine verheiratete Frau verliebt, Charlotte von Kalb, die gerade ihr erstes Kind bekommen hat. Sie bewundert mich. Freilich muss mich so eine Beziehung erst recht in Teufels Küche bringen.

Zudem bedrängen mich meine Gläubiger immer stärker. Ich bin stark verschuldet. Frau von Wolzogen schreibt mir, sie benötige die 500 Taler zurück, die sie mir geliehen hat. Ich kann sie vertrösten, was mir bei anderen schwerer gelingt. Meine Hoffnung ist die Anstellung bei Dalberg, dem ich zu verstehen gebe, mein Gehalt müsste erhöht werden. Aber was macht er? Nichts. Er verlängert nicht einmal meinen Vertrag und empfiehlt mir sogar, ich solle wieder als Mediziner arbeiten.

Die Funktion des Theaters

Da zu Schillers Zeiten Radio, Fernsehen und Internet unbekannt waren, aber auch keine Versammlungs-, Rede- und Pressefreiheit herrschte, war das Theater der einzige Ort, wo trotz Zensur gesellschaftliche Konflikte zur Sprache kommen konnten – wenn auch vorsichtig, denn auch hier konnte die Zensur zuschlagen.

Allerdings war das Theater meist in Formen erstarrt, die von der höfischen Gesellschaft in Frankreich bestimmt waren: Die Sprache war abgehoben, die Schauspielerei war gekünstelt und die Handlung ließ das Volk aus – die agierenden Figuren waren Personen aus dem Adel. Oder das Theater war ein reiner Amüsierbetrieb, wo wie in heutigen *soap operas* die Zuschauer nur bei Laune gehalten werden sollten. In rührseliger Weise wurden gestellte Konflikte gezeigt, die sich in kitschiger Harmonie auflösten, mit einfachster Handlung und plattem Stil. Die wahren Probleme und Konflikte der Zeit wurden im Theater nicht berührt – es sprachen auf der Bühne keine „echten" Menschen.

Deswegen wirkten Schillers *Räuber* so ungeheuer: Die Vorstellung, schrieb ein Zu-

Schillers Triumph in Leipzig nach Aufführung der *Jungfrau von Orleans* am 17. September 1801

schauer, ließ „das Menschenblut erfrieren und die Nerven sowohl der Schauspieler als Zuschauer erstarren". Obwohl das Stück für die Aufführung ins späte Mittelalter versetzt worden war, um einen Vergleich mit der aktuellen gesellschaftlichen Lage zu vermeiden, wandte es sich in Sprache, Handlung und Gefühl direkt an die Zuschauer, sogar noch stärker als *Kabale und Liebe,* wo die Kritik an den herrschenden Zuständen unverblümt zur Sprache kam. In Schillers ersten Stücken verkörperten die Figuren genau die Menschen seiner Zeit. Die wollten sich frei entfalten und aus allen Abhängigkeiten befreien.

Schiller entwickelte auch früh ein Konzept, mithilfe des Theaters die Zuschauer zu beeinflussen. Die Bühnen sollten Lehrer des Volkes sein und mit dem Mittel des Schönen die Bürger so erziehen, dass sie für einen besseren Staat reif sein würden. Das lag ihm so sehr am Herzen, dass er später in Weimar die Schauspieler selbst unterrichtete – da hatte er allerdings ebenfalls eine abgehobene Theatersprache entwickelt. Tatsächlich konnte Schiller mit seinen Stücken dem deutschen Theater zu mehr Qualität verhelfen – ob er es aber wirklich schaffte, das gemeine Volk zu erziehen, ist zu bezweifeln.

Auf der Suche

In Mannheim kann ich nicht mehr bleiben. Ich habe in dieser Stadt keine Seele, keine einzige, die die Leere meines Herzens füllte, keine Freundin, keinen Freund. In dieser hoffnungslosen Lage entsinne ich mich an ein Schreiben, das ich schon vor Monaten aus Leipzig erhalten habe. Verehrer von mir haben es geschickt. An die wende ich mich nun. Meine Seele dürstet nach neuer Nahrung, nach besseren Menschen, nach Freundschaft, Anhänglichkeit und Liebe. Ich bitte sie um Unterstützung. Tatsächlich laden sie mich zu sich ein, ja, sie bezahlen mir sogar die Fahrt. Im April 1785 breche ich meine Zelte in Mannheim ab.

Wie schön ist es, Freunde zu haben! In Leipzig werde ich willkommen geheißen, als würde man mich jahrelang kennen. Meine Verehrer bieten mir Kost und Logis und nehmen mich in ihren Familien auf. Sogar einen Verleger für meine Werke finde ich.

Ich bin deswegen so dankbar, dass ich ein langes Gedicht über die Freundschaft schreibe: *Ode an die Freude*. Meine ganze Lebensstimmung ist darin auf den Punkt gebracht: Die Freude soll alle Menschen gleichberechtigt in Freundschaft verbinden. Und was für Freunde habe ich gewonnen, besonders Christian Gottfried Körner*! Von ihm erhalte ich bald folgende Nachricht: „Ein Jahr lang lass mir die Freude, Dich aus der Not-

wendigkeit des Brotverdienens zu setzen.“ Und nicht nur das: Ich darf mit ihm, seiner Frau und Freunden in ein Haus von ihm bei Dresden ziehen, wo ich mich aufgehoben wie im Himmel fühle. Ich stoße mit meinen Freunden auf diese Stimmung an und rufe beim Wein: „Keine Trennung! Keiner allein! Sei uns ein gemeinsamer Untergang beschieden!“
Für meinen Unterhalt ist gesorgt und ich kann unbeschwert dichten. Ich gebe inzwischen auch eine Literaturzeitschrift heraus, *Thalia* genannt, wo ich wichtige Arbeiten von mir veröffentlichen kann, so auch die einzelnen Teile meiner Arbeit am *Don Carlos*. In diesem Stück habe ich inzwischen einen Marquis von Posa zum Helden gemacht, der sich entschieden für die Rechte und die Freiheit der Menschen einsetzt. Aus dem *Don Carlos* ist ein politisches Drama geworden, mit dem

ich hohe Ansprüche habe. Ich habe es auch zum ersten Mal in Verse gesetzt, nämlich in Jamben*. Leider bringt auch diese Zeitschrift nicht das erhoffte Geld ein.
Doch nach Monaten wird mir die Zeit lang. Wieder gehe ich unglückliche Beziehungen ein. Langsam habe ich das Gefühl, ich müsste wie meine Freunde in Dresden auch Geborgenheit bei einer Frau haben. Meine Stimmung stürzt ab. Unabhängigkeit, die ich sonst für das höchste Gut gehalten habe, wird mir nun lästig, weil sie mir aufgezwungen wird.
Als ich den *Don Carlos* abschließe und für den Druck vorbereiten kann, verabschiede ich mich innerlich von Dresden und meinen Freunden. Ich will nach Hamburg gehen. Brieflich habe ich dort bereits den Theaterleiter kennengelernt, der den *Don Carlos* aufführen möchte. Auf dem Weg dorthin will ich aber zuerst in Weimar Station machen, wo ich gern den bekanntesten deutschen Dichter treffen möchte: Johann Wolfgang Goethe.
Im Juli 1787 treffe ich in Weimar ein und muss feststellen, dass Goethe gar nicht zu Hause ist, nicht einmal in Deutschland. Er hat eine Bildungsreise nach Italien angetreten und ist schon seit fast einem Jahr abwesend. Auch der Herzog Karl August*, den ich kenne und schätze, weil er mich schon in Mannheim nach einer Lesung aus dem ersten Akt des *Don Carlos* zum Hofrat ernannt hatte, ist auf Reisen.
Wen ich allerdings antreffe, ist ausgerechnet Charlotte von Kalb. Schon in der ersten Stunde unseres Beisammenseins fühle ich

nicht anders, als hätte ich sie gestern verlassen. So heimisch ist mir alles an ihr, so schnell knüpft sich jeder zerrissene Faden unseres Umgangs wieder an.
Ich bin so hingerissen, dass ich in Weimar bleibe, wo ich viele literarisch interessierte Menschen treffe. Besonders gefällt mir Christoph Martin Wieland*, der die wichtige Zeitschrift *Teut-*

scher Merkur herausbringt und mich zur Mitarbeit auffordert. Ich liefere ihm außer Gedichten auch einen Beitrag über die *Geschichte des Abfalls der vereinigten Niederlande von der Spanischen Regierung,* denn durch die Arbeit an *Don Carlos* hat mich besonders die Geschichte zu interessieren begonnen. Ich wollte, dass ich zehn Jahre hintereinander nichts als Geschichte studiert hätte. Vielleicht kann ich es noch nachholen.

Ich bleibe zunächst in Weimar, auch wegen Charlotte von Kalb. Inzwischen bin ich mit mir selbst mehr einig und finde auch außer mir mehr Freude. Besonders mit Wieland verstehe ich mich sehr. Ich sehe ihn alle Tage.

Ich schreibe weiter an der *Geschichte des Abfalls der Niederlande*. Es soll ein großes Werk werden. Denn längst weiß ich, das Dramen-Schreiben lohnt sich kaum für mich. Da ich von Schriftstellerei leben muss, muss ich also auf das sehen, was einträgt. Kein Fach taugt so gut dazu, Geld zu verdienen wie historische Arbeiten. Als ich einmal wieder aus meinem Werk vorlese, umarmt mich Wieland schwärmerisch und erklärt, ich würde in der Geschichte keinen vor mir haben.

Ich fühle immer mehr, ich brauche einen soliden Stand im Leben, und dazu gehört auch eine Ehefrau. Ich muss ein Geschöpf um mich haben, das mir gehört, das ich glücklich machen kann und muss, an dessen Dasein mein eigenes sich erfrischen kann. Ich sehne mich nach einer bürgerlichen und häuslichen Existenz.

Das schillersche Pathos

In Schillers Werk hat man es mit einem sehr überschwänglichen Stil zu tun, der mit dem Ausdruck „Pathos" beschrieben wird. Ein gutes Beispiel ist folgende Stelle in *Kabale und Liebe,* in der Ferdinand Luise seine Liebe schwört: „Ich fürchte nichts – nichts – als die Grenzen deiner Liebe. Lass auch Hindernisse wie Gebirge zwischen uns treten, ich will sie für Treppen nehmen und drüber hin in Luisens Arme fliegen. Die Stürme des widrigen Schicksals sollen meine Empfindung emporblasen, Gefahren werden meine Luise nur reizender machen. – Also nichts mehr von Furcht, meine Liebe. Ich selbst – ich will über dir wachen wie der Zauberdrach' über unterirdischem Golde" [usw.].
In der Rhetorik, der Redekunst, ist diese Art der Leidenschaft ein Mittel, um die Zuschauer zu fesseln. Schiller gebrauchte das Pathos bewusst, um die Menschen in ihren Gefühlen zu ergreifen. Über sein Pathos wollte er sie zur Kunst und damit zur Freiheit führen. Seine Werke folgen einem deutlich erkennbaren Ideal. Daher hat man auch immer bemäkelt, dass in seinen Dramen wenig geschehe, aber viel gedacht werde. Man bezeichnet seine Schauspiele daher als Ideen- oder Gedankendramen. Mit ihrer Hilfe soll der Zuschauer künstlerisch und sittlich erzogen werden.
Allerdings ist es, wie schon Napoleon erkannte, von der Erhabenheit bis zur Lächerlichkeit ein kleiner Schritt: Schillers Stil erscheint uns heute oft übertrieben, einfach zu laut. Und auch schon zu seiner Zeit fühlten sich einige

Zeitgenossen von seinen Worten geschulmeistert oder fanden sie schlicht albern. Als etwa die Brüder Schlegel zum ersten Mal das *Lied von der Glocke* hörten, wären sie vor Lachen fast von den Stühlen gefallen. Und als Schiller im neu gegründeten Deutschen Reich Nationalgut geworden war, schrieb Theodor Fontane (1819–1898), Nationaldichter seiner Zeit, wie heimlich in sein Tagebuch: „Wann wird die Welt einsehen, dass diese Schillerphrasen eine schillernde Seifenblase sind? Unerträglich sind mir in all diesen Stücken die Biederkeitsschwätzer, die immer das Maul voll Tugend, Treue, Freundschaft haben und persönlich nichts leisten, während sie beständig alles fordern." Schillers Worte erschienen hohl, nur wie Klingklang.

Gerade in der heutigen Zeit fällt es oft schwer, hinter Schillers Werk kein falsches Pathos zu sehen: Seine Worte haben ihre eigene Schönheit, wenn man sich mit ihnen befasst, und kamen auf jeden Fall von Herzen.

Dramatik auf der Bühne in Schillers *Kabale und Liebe* (Szene aus einer Aufführung im Wiener Hofburgtheater)

Professor für Geschichte

Als Charlotte von Kalb Weimar nach einem Jahr verlässt, habe ich mich einmal wieder ernsthaft verplempert und noch immer keine Frau. Allerdings habe ich nun die reizende Charlotte von Lengefeld kennengelernt, dazu ihre Schwester Caroline, die schon verheiratet ist, allerdings unglücklich. Beide mag ich so sehr, dass ich zu ihnen ziehe, zuerst in das Dorf Volkstedt in die Nähe der zwei, dann zu ihrem Wohnsitz nach Rudolstadt, nicht weit von Weimar entfernt.

Dort ist seit Juni 1788 Goethe von seiner Italienreise zurück. Wenige Sterbliche haben mich so interessiert wie er, doch als ich ihm im September im Haus der Lengefelds begegne, ist die Enttäuschung groß. Er lässt sich nicht auf mich ein. Ich erkenne, sein ganzes Wesen ist anders angelegt als das meine, seine Welt ist nicht die meinige. Wir verstehen uns nicht.
Selbst als ich im Winter nach Weimar zurückkehre, leben wir nebeneinanderher. Ich gehe allerdings auch kaum aus dem Haus und schreibe und dichte ununterbrochen. Wie zum Lohn bekomme ich bald das Angebot, im nahen Jena eine Professorenstelle für Geschichte anzutreten. Eingefädelt hat das Goethe, wie ich weiß, der mich dadurch vielleicht auch loswerden will. Öfter um ihn zu sein, würde mich auch unglücklich machen. Ich glaube in der Tat, er ist ein Egoist in ungewöhnlichem Grade. Er nimmt nur, ohne selbst zu geben. Ein solches Wesen sollten die Menschen um sich herum nicht aufkommen lassen. Er erinnert mich so oft daran, dass das Schicksal mich hart behandelt hat. Wie leicht ward sein Genie von seinem Schicksal getragen und wie muss ich bis auf diese Minute noch kämpfen.
Im Frühjahr 1789 bereite ich mich auf den Umzug nach Jena vor. Die Professur wird meine gesellschaftliche Stellung heben. Dabei gehen mir die Schwestern Caroline und Charlotte nicht aus dem Sinn. Die eine wäre noch zu heiraten ...
Mit einem unguten Gefühl ziehe ich am 11. Mai 1789 nach Jena. Ich fühle mich inzwischen übertölpelt, denn für meine

Professur bekomme ich eigentlich kein Geld, nur das, was die Studenten für meine Vorlesungen bezahlen müssen. Außerdem zweifele ich an meiner Befähigung für die Stelle. Vielleicht wird mancher Student schon mehr wissen als der Herr Professor. Doch es kommt die Überraschung: Mein Ruf als Dichter ist mittlerweile so groß, dass sogar der größte Hörsaal nicht ausreicht, um alle Menschen zu fassen. Und ich lese mit einer Stärke und Sicherheit der Stimme, die mich selbst überrascht. Am Abend versammeln sich sogar einige Studenten vor meiner Wohnung und lassen mich hochleben.

Nun will ich das Beste aus dieser Stelle machen. Zwei oder drei Jahre lang will ich als Schriftsteller kürzertreten und zu einer Besoldung gelangen, die zur Tilgung meiner Schulden führt. Diese Schulden verbittern mir das Leben. Außerdem will ich endlich genug Geld verdienen, um heiraten zu können.
Die beiden Schwestern Caroline und Charlotte fesseln mich noch immer. Wir treffen uns wieder, einmal sogar bei Körner in Leipzig. Bald steht meine Entscheidung fest: Ich möchte

Charlotte, die jüngere der beiden, wirklich heiraten. Sie weiß nicht so recht, ob meine Liebe ganz ihr gehören wird, aber ich schreibe ihr: „Caroline ist mir näher im Alter und darum auch gleicher in der Form unserer Gefühle und Gedanken. Sie hat mehr Empfindungen in mir zur Sprache gebracht als du, meine Lotte –, aber ich wünschte nicht um alles, dass dieses anders wäre, dass du anders wärest, als du bist. Was Caroline vor dir voraus hat, musst du von mir empfangen; deine Seele muss sich in meiner Liebe entfalten, und mein Geschöpf musst du sein." Leider habe ich mit meiner Professur kein Glück. Von den Gelehrten in Jena fühle ich mich nicht verstan-

den. Ihre grimmigen Gesichter verscheuchen alles, was Freiheit und Freude atmet. Noch dazu kommen leider immer weniger Studenten zu meinen Vorlesungen, die ich mit viel Mühe vorbereiten muss. Welcher böse Geist gab mir nur ein, in Jena mich zu binden? Ich habe gar nichts dadurch gewonnen, aber unendlich viel verloren. Ich spiele schon mit dem Gedanken hinzuschmeißen, als mir Karl August, der Herzog von Weimar, finanzielle Unterstützung verspricht.

Schriftlich bitte ich Charlottes Mutter schließlich um ihre Einwilligung zur Ehe. Zum Glück sichert auch sie uns jährlich Geld für unseren Haushalt zu. So bin auch ich am 21. Februar 1790 endlich verheiratet. Was für ein schönes Leben führe ich jetzt! Es lebt sich doch ganz anders an der Seite einer lieben Frau als so verlassen und allein. Bald arbeite ich täglich bis zu 14 Stunden, wobei aber die Geschichte im Vordergrund steht: Im Herbst kann ich endlich die ersten beiden Bände der *Geschichte des Dreißigjährigen Krieges* abschließen, mein zweites großes geschichtliches Werk. Strengt mich die Arbeit zu sehr an? Sie laugt mich aus, aber treibt mich doch vorwärts.

Schillers Äußeres

An den vielen Bildnissen von Schiller lässt sich schön erkennen, was passiert, wenn eine Person idealisiert wird: Das Bild des verehrten Menschen wird nach einer bestimmten Vorstellung gestaltet. Die Person soll so gut wie möglich aussehen. Schiller wurde schon zu Lebzeiten zum Denkmal gemacht. Typisch ist die Büste des Bildhauers Johann Heinrich Dannecker (1758–1841). Beschrieben hat man Schiller als einen Denker mit hoher freier Stirn, schön geformter Nase und Adlerblick.

Wie Schiller wirklich aussah, zeigt etwa eine Zeichnung des Künstlers Gottfried Schadow (1764–1850). Auffallend ist besonders seine mächtige, hakenförmige Nase, die sein Freund Scharffenstein beschrieb als „dünn, knorpelig, weiß von Farbe, sehr gebogen auf Papageienart und sehr spitzig". Dazu hatte Schiller eine breite, steile Stirn, rote Haare, eine vorstehende Unterlippe, einen langen Hals. Außerdem war er einer der größten Menschen seiner Zeit. Hinzu kam, dass Schiller oft übernächtigt war, die Sonne kaum sah und ständig Tabak rauchte und schnupfte. So wird auch immer wieder sein blasses Gesicht beschrieben, die ein-

Porträt Schillers von Gottfried Schadow

gefallenen Wangen, die entzündeten Augen und obendrein die Nikotinspuren um Nase und Mund. Sonst muss man sich Schiller immer als kranken Mann vorstellen. Wahrscheinlich hatte er sich schon an der Militär-Akademie eine Entzündung der Nasennebenhöhlen zugezogen, die chronisch blieb, also immer wiederkehrte. Dazu kam in Mannheim eine Erkrankung an Malaria, die er zeitlebens nicht mehr loswurde. Am Ende seines Lebens hatte er kaum ein Organ, das nicht krankhaft verändert gewesen wäre. „Leider ist meine Gesundheit so hinfällig", schrieb er selbst, „dass ich jeden freien Lebensgenuss gleich mit wochenlangem Leiden büßen muss." Die Krankheit hat Schillers Leben beeinflusst: Was er über sie stellte, war der Geist. Der sollte stark und groß sein. Eine Krankheit konnte Schiller sogar beflügeln, indem er sich bemühte, sie durch geistiges Schaffen zu bezwingen.

In seinem Äußeren wirkte Schiller auf viele geisterhaft, bizarr, ja abschreckend – ganz anders als die meisten Bilder von ihm. Die Schönheit und Kraft in Schillers Dichtung hat man auf ihn als leibhaftigen Menschen übertragen.

Schillerbüste von Johann Heinrich Dannecker

Zeit des Wandels

All die Zeit kann ich mir zu meiner Gesundheit Glück wünschen, und zwar bis zum 3. Januar 1791. Da bin ich zu einer wissenschaftlichen Sitzung in Erfurt eingeladen. Auf einem Konzert packt mich plötzlich das Fieber, und zwar so stark, dass ich in einer Sänfte fortgetragen werden muss. In den nächsten Tagen komme ich kaum zur Besinnung. Fieber und Schmerzen sind fast unerträglich. Das ganze Frühjahr hindurch dauern die Leiden an. Ständig habe ich beim Einatmen, Husten und Gähnen ein Gefühl der Spannung in der Brust.
Als ich im Mai zur Erholung nach Rudolstadt gehe, trifft es mich dort erneut, und zwar so schwer, dass ich zwischen Leben und Tod schwebe. Der Atem ist so schwer, dass ich über der Anstrengung, Luft zu bekommen, bei jedem Atemzug ein Gefäß in der Lunge zu zersprengen glaube. Mehr als einmal sehe ich dem Tod ins Gesicht. Doch mein Mut wird dadurch nur gestärkt. Um mich zu erholen, gehe ich diesmal in die Kur, nämlich für einige Wochen nach Karlsbad*.
Aber auch danach bin ich noch angeschlagen. Hervorgerufen durch meine Krankheit, lasse ich mich etwas hängen. Ich komme kaum aus dem Schlafrock, stehe auf, wann es mir gefällt, weswegen das Mittagessen oft bis auf drei, halb vier hinausgeschoben wird. Allerdings habe ich seit meiner Zeit auf der Militär-Akademie die Tage immer chaotisch eingeteilt. Ich

kann in dieser Hinsicht keine Ordnung mehr akzeptieren. Zum Glück unterstützt mich meine Frau. In Briefen stellt sie meine Lage so dar, als würden wir finanziell aus dem letzten Loch pfeifen und ich könnte mich nicht erholen, weil ich ständig literarisch arbeiten müsste. Ganz so schlimm ist die Lage aber nicht. Ich nehme mir die Zeit, stundenlang Karten zu spielen, manchmal bis Mitternacht, und zwar um Geld.

Trotzdem führt das alles dazu, dass ich plötzlich ganz ohne Sorgen leben kann: Denn im fernen Dänemark wird dem Erbprinzen Christian Friedrich von Schleswig-Holstein-Augustenburg mitgeteilt, ich wäre so krank geworden, weil es mir an allem fehlte. So erklärt er sich bereit, mich drei Jahre lang jährlich mit 1000 Talern zu unterstützen, wirklich viel Geld. So hat mich meine Krankheit auf einmal von meinen finanziellen Sorgen geheilt. Zwar führe ich die geschichtlichen Arbeiten noch ein wenig fort, trete die Professorenstelle in Jena aber nicht mehr an. Stattdessen stürze ich mich in die Philosophie und studiere Immanuel Kant*. Seine Schriften will ich endlich ganz ergründen. Es geht mir um die Freiheit des Menschen und den Weg dorthin. Nach Kant ist die Vernunft das entscheidende Kriterium für Sitte und Moral. Dabei führt der Weg zur Freiheit nicht nur über die Vernunft allein, sondern auch über den Mut, sich seines Verstandes zu bedienen.

Ich selbst denke mir, dass nicht nur die Vernunft der Maßstab für das menschliche Handeln sein soll, sondern die Schönheit und überhaupt das Schöne – auch sie führen zur Freiheit und am Ende zu einem besseren Staat. An diesen Problemen grübele ich und merke, wie auch in dieser Hinsicht alles Ungestüme von mir weicht. Im Sommer 1793 wird etwas gewiss, was mein Leben abermals bedeutend verändern wird: Meine Frau ist schwanger. Das löst in mir nun solche väterlichen Gefühle aus, dass ich mich nach meiner Heimat sehne. Plötzlich regt sich mächtig der Schwabe in mir, den ich ganz abgelegt zu haben glaubte. So reise ich nach all den Jahren der Abwesenheit im August in die Freie Reichsstadt Heilbronn – dort bin ich vor dem Zugriff meines Herzogs sicher.

Ich habe ihm schon von Jena geschrieben und schreibe ihm noch einmal, dass ich um die freie Reise nach Ludwigsburg bitte. Doch ich erhalte keine Antwort. Als ich höre, er würde meine Anwesenheit einfach nicht beachten, fahre ich mit Charlotte wirklich nach Ludwigsburg. Und als spielte das Leben selbst Theater, bringt meine Frau dort im September einen gesunden Sohn zur Welt – und stirbt im Monat darauf mein Herzog Karl Eugen. Wie seltsam ist mir zumute, als ich mit ansehe, wie sein Sarg im Fackelschein nach Ludwigsburg überführt wird! Wie wäre mein Leben ohne diesen Herzog verlaufen?

Lange bleibe ich in der Heimat, genieße die Zeit mit meinen Eltern und Schwestern, sehe alte Freunde wieder, besuche sogar die Militär-Akademie, die inzwischen Universität ist und Hohe Karlsschule benannt ist. Dort heißen mich die Eleven begeistert willkommen.

Doch am Ende bin ich enttäuscht. Die Heimat ist mir fremd geworden. Ich stelle fest, dass leider viele, die ich in meiner Heimat als helle Köpfe verließ, verbauert sind. Im Mai 1794 bin ich wieder in Jena zurück, ernüchtert, aber gereifter und heiterer.

Was ich Gutes von dieser langen Reise mitbringe, ist die Freundschaft mit einem neuen Verleger. Er heißt Johann Friedrich Cotta. Ich habe mit ihm vereinbart, eine neue Zeitschrift herauszubringen: *Die Horen*. Darin sollen möglichst alle großen Geister in Deutschland schreiben, über alle Themen unserer Zeit, nur nicht die politischen. Vielmehr sollen die Themen über allen Einfluss der Zeiten erhaben sein. So gelingt es vielleicht, Deutschland unter der Fahne der Wahrheit und Schönheit zu vereinigen.

Schillers Politik

Nichts beschäftigte in Europa ab dem Jahr 1789 die Menschen so sehr wie die Entwicklung der politischen Verhältnisse in Frankreich. Dort hatte das aufstrebende Bürgertum, der „dritte Stand", die Herrschaft übernommen. Die neue Regierung beseitigte die Vorrechte des Adels, enteignete und entmachtete die Kirche, verkündete die Menschenrechte und schickte schließlich die Königsfamilie aufs Schafott. Bald kam es zu einer Schreckensherrschaft, als die Revolutionäre Adelige, aber auch alle nur möglichen „Verräter" und am Ende sogar eigene Weggefährten mit der Guillotine köpfen ließen.
Vor dieser Entwicklung grauste es Schiller bald derartig, dass er keine neuen Nachrichten mehr aus Frankreich hören wollte. Seiner Meinung nach hatte das französische Volk mit seiner Revolution nur einen „beträchtlichen Teil Europas in Barbarei und Knechtschaft zurückgeschleudert".

Sturm auf die Bastille in Paris am 14. Juli 1789

Weil „derjenige noch nicht reif ist zur bürgerlichen Freiheit, dem noch so vieles zur menschlichen fehlt“, entwickelte Schiller eine ganz andere Idee, wie ein besserer Staat geschaffen werden könnte. Er war strikt dagegen, dem einfachen Volk das Handeln zu überlassen. Er hielt es für unreif, ja gefährlich. Wenn man es ließe, würde es als Pöbel alles niederreißen. Zuerst müsste das einfache Volk sittlich erzogen werden, und zwar mithilfe der Kunst, um dann einen neuen, besseren Staat zu schaffen.

Für Schiller sollte es daher bei den in Deutschland herrschenden Zuständen bleiben. Obwohl er unter diesen als Kind so gelitten hatte, hatte er doch spätestens, als er in Weimar in den adeligen Kreisen verkehrte, seinen Begriff von „Freiheit“ gewandelt – weg von der körperlichen Freiheit hin zur geistigen. In seinem berühmtesten Zitat, wenn im *Don Carlos* der Marquis von Posa zu König Philipp sagt: „Geben Sie Gedankenfreiheit“, drückt sich seine wichtigste Lebenseinstellung aus. Schiller ging es weniger um die politische Freiheit als um die persönliche: Der Einzelne sollte keinerlei Zwang unterliegen.

Gegen die tatsächliche Unfreiheit der Gesellschaft wandte er sich nicht, auch wenn ihn dies selbst traf: Als er längst *der* berühmte Dichter in Deutschland war, durften er und seine Frau Charlotte nicht am Hof verkehren. Dabei war sie selbst eine Adelige – nur eben nicht ihr Mann. Um hier eine Lösung zu finden, ließ sich Schiller adeln. Ausgerechnet aus ihm, der als junger Mann heftig gegen die Adelsklasse angeschrieben hatte, machte man einen „von Schiller“.

Die größte Freundschaft

Zur Mitarbeit an den *Horen* schreibe ich alle großen Denker an. Vor allem einen möchte ich gewinnen, dessen Teilnahme der Zeitschrift die höheren Weihen geben würde: Goethe. Ihm schreibe ich einen besonders eindringlichen Brief, den ich ehrerbietig unterschreibe mit „Euer Hochwohlgeboren gehorsamster Diener und aufrichtiger Verehrer".

Worauf ich nicht zu hoffen wagte, geschieht: Goethe schreibt zurück, er werde mit Freuden und von ganzem Herzen von der Gesellschaft sein. Und nicht nur das: Einen Monat später treffe ich ihn auf einer wissenschaftlichen Sitzung. Diesmal geht es zwischen uns zur Sache: Goethe erklärt mir seine Vorstellung von der Metamorphose*, wie er sie durch Erfahrung gewonnen habe. Dazu lässt er eine symbolische Pflanze vor meinen Augen entstehen. Er will darauf hinaus, alle Pflanzen ließen sich auf eine solche Urpflanze zurückführen. Ich entgegne ihm aber: „Das ist keine Erfahrung, das ist eine Idee."

Damit ist der Punkt, der uns trennt, aufs Strengste bezeichnet. Trotzdem geraten wir nicht in Streit, im Gegenteil: Unsere unterschiedlichen Auffassungen, ob man die Welt eher durch Anschauung oder eher durch die Vorstellung begreifen kann, treiben uns gedanklich vorwärts.
Einige Zeit später schreibe ich Goethe einen persönlichen Brief und ziehe die Summe unserer Erkenntnisse. Er antwortet mir schnell und schreibt tatsächlich, wir müssten auf unserem Lebensweg nun wohl miteinander fortwandern. Ich schreibe ihm wieder umfangreich zurück und versuche, seine ganze Persönlichkeit zu ergründen. Daraufhin lädt mich Goethe zu sich ein, und zwar gleich für zwei Wochen. Was ist da geschehen? Wie habe ich vor sieben Jahren um

Goethe gekämpft, ohne dass er sich mir genähert hätte! Ich denke, inzwischen habe ich viel Größe gewonnen, zugleich aber zu Ruhe und Erhabenheit gefunden. Das gefällt Goethe wohl, und zwar so sehr, dass er mich bei sich haben will – er, der doch Tabak, Unordnung, Unzuverlässigkeit und Krankheit verabscheut, was aber zu meiner Person gehört.
Im September 1794 bin ich also wirklich bei Goethe zu Gast. Und er lässt mich an seinem ganzen Leben teilhaben – an fast seinem ganzen Leben. Da er weiß, dass es nicht meinen Vorstellungen entspricht, mit einem einfachen Mädchen unehelich zusammenzuleben, bekomme ich seine Geliebte Christiane Vulpius und auch seinen Sohn August nicht zu Gesicht. Wir reden manchmal ununterbrochen von mittags bis in die Nacht. Beide spüren wir, wie wir voneinander lernen und unseren Nutzen haben kön-

nen. Goethe treibt mich weiter an, die richtige Lebenseinstellung zu finden. Ich denke, der Weg zur Freiheit führt über die persönliche Entwicklung jedes Einzelnen, und zwar gestützt auf einem Sinn für Heiterkeit und Schönheit. Längst spüre ich, wie ich im Poetischen ein neuer Mensch geworden bin. Ich will wieder zurück zum Theater und habe schon ein neues Thema: *Wallenstein*. Ich will diesen Feldherrn des Dreißigjährigen Krieges zur Hauptperson eines gewaltigen Dramas machen. Goethe bestärkt mich in meinem Vorhaben. Ich tausche mich mit ihm aus, wenn ich nur kann.

Viel Kraft muss ich für meine Arbeit an den *Horen* aufwenden. Mit großer Sorgfalt stelle ich diese Zeitschrift zusammen, die den Deutschen zeigen soll, wie sie sich mithilfe der Kunst zu freien Menschen entwickeln können. Man muss ihnen vor Augen führen, was es bedeuten kann, wenn sich der Mensch nur politisch befreien will. Das wird in Frankreich gerade vorgeführt, wo sie die Revolution ausgerufen und sogar den König hingerichtet haben. Inzwischen herrscht dort der Schre-

cken. Die Menschen müssen sich aber erst selbst befreien, meine ich, und zwar am besten durch die Schönheit und Kunst. Leider sinkt der Verkauf der Zeitschrift. Meine philosophischen Betrachtungen wie in den *Briefen über die ästhetische Erziehung des Menschen* finden kaum ein Echo. Ich ärgere mich über die Teilnahmslosigkeit der Deutschen, aber auch über die vielen Spötter, die sich darin gefallen, das Schöne in den Sumpf zu ziehen. Auch Goethe ist deswegen sehr verärgert. Wir haben inzwischen einen solchen Austausch, dass er sich wochenlang in Jena aufhält und mich jeden Tag besucht. Sonst schreiben wir uns Brief auf Brief.
Wir hecken einen Plan aus. Es ist mir einmal wieder gelungen, einen Verleger für eine Zeitschrift zu finden, diesmal eine ganz

und gar literarische, die mir Geld einbringt und mich auch selbst wieder zum Dichten reizt. Wir wollen in diesem *Musen-Almanach* gegen die Kleingeister vorgehen und in dem ersten Band *Xenien* veröffentlichen. Das sind im antiken Sinn „Gastgeschenke“, die wir aber gegen unsere Spötter richten.
Wir wollen darin die ganze deutsche Literatur kritisch prüfen. Goethe und ich werden uns darin absichtlich ineinander verschränken, sodass es bei aller Verschiedenheit zwischen uns manchmal unmöglich sein wird, unseren Anteil an dem Werk zu sortieren. Das liest sich dann so:

An Schwätzer und Schmierer
Treibt das Handwerk nur fort, wir könnens euch
freilich nicht legen,
Aber ruhig, das glaubt, treibt ihr es künftig
nicht mehr.

Während wir das witzig finden und großen Spaß bei dieser Zusammenarbeit haben, zeigen aber die Reaktionen darauf, dass sogar Verehrer von uns die *Xenien* für unwürdig halten. Ich erkenne, dass wir damit vielleicht wirklich an Haltung eingebüsst haben. Es gilt nun, mit eigenen Werken erst recht vorbildhaft zu wirken.

Goethe und Schiller

Es gibt kaum eine Freundschaft in der deutschen Kulturgeschichte, die die Menschen mehr beschäftigt hätte als die zwischen Schiller und Goethe. Berühmt ist das Denkmal der beiden vor dem Weimarer Theater, geschaffen von einem der bekanntesten Bildhauer seiner Zeit: Ernst Rietschel (1804–1861)! Da stehen die beiden freundschaftlich nebeneinander und halten gemeinsam den dichterischen Lorbeerkranz, gleich bedeutend, gleich groß. Da fängt es aber schon an, unwahr zu werden. Schiller war zu seiner Zeit ein Riese und überragte Goethe um einen halben Kopf. Und groß war für Schiller wiederum Goethe, der in seinen Augen viel bedeutender war. Und kann man zwischen den beiden wirklich von tiefer Freundschaft sprechen, wenn sich die beiden nie duzten, wenn Goethe noch in seinen Tagebüchern immer „Hofrat Schiller" schrieb?

Lange Jahre hatte Goethe sich geweigert, mit Schiller zu tun zu haben. Erst als der in seiner Bedeutung immer noch größer wurde, reichte ihm Goethe die Hand. Trotzdem trafen da zwei zusammen, die unterschiedlicher nicht sein konnten: Goethe kam aus reichem Haus, hatte Geld und eine einflussreiche Stellung als Minister. Schiller stammte aus einfachen Verhältnissen, musste ständig hinter dem Geld herrennen und hatte eine armselige Professorenstelle. Goethe war ein Sinnenmensch: Er versuchte, sich die Welt aus der Anschauung und Erfahrung zu erklären. Wie Schiller selbst schrieb, musste Goethe alles befingern, um es sich zu erklären. Schiller dagegen war ein Rationalist: Er plante, entwarf und konstruierte. Er schuf sich seine Anschauung der Welt in Gedanken, kurz, er philosophierte. Goethe hatte ein uneheliches Verhältnis zu einer einfachen Frau aus dem Volk. Schiller schuf sich eine möglichst glückliche und überschaubare Familienwelt, mit einer adeligen Frau, die für Haushalt und Kinder sorgte. Goethe bereiste die Welt. Schiller reiste fast nie. Da erscheint es fast wie ein Wunder, dass diese beiden tatsächlich zehn Jahre ihres Lebens oft täglich miteinander zu tun hatten. Kluge, den meisten Zeitgenossen weit überlegene Köpfe, die sie waren, hatten sie erkannt, besser miteinander als gegeneinander zu arbeiten, sich gegenseitig anzuspornen und zu fördern. Dabei ließen sie einfach alles aus, was diese Freundschaft belasten konnte: Über Politik etwa oder ihre Familie sprachen sie nicht. Ihre Beziehung kam nicht aus Zuneigung. Sie war praktisch.

Goethe-Schiller-Denkmal in Weimar

Zum klassischen Dramatiker

Anfang 1797, wenige Monate nach dem Tod meines Vaters, geht es mir nicht gut. Ich bin in der schwersten Krise und komme mir in unserer Wohnung wie eingesperrt vor. Mit meinem zweiten Sohn Ernst, der im Juli 1796 zur Welt kam, ist das Haus erst recht von Unruhe erfüllt. Ich träume von einem eigenen Häuschen im Grünen, wo ich unbeschwert arbeiten könnte. Vor allem komme ich mit dem *Wallenstein* nicht voran. Ich finde nicht die richtige Form dafür. Erst als Goethe einmal wieder nach Jena kommt, komme ich zu neuen Ideen. Endlich kann ich mir wenigstens einen genauen Plan über den Aufbau des Dramas machen.
Anfang Mai bin ich wieder ganz zufrieden: Ich ziehe mit meiner Familie in ein Gartenhäuschen, das ich gekauft habe. Nun umgibt mich eine schöne Landschaft und ich sehe einer poetischen Tätigkeit jetzt mit rechter Lust entgegen.
Die *Xenien* und ihre Kritik daran lassen sowohl Goethe als auch mir keine Ruhe. Natürlich bekommen wir bald selber „Geschenke" dieser Art. Beide wollen wir dem etwas Großes und Erhabenes entgegenstellen, etwas, was unserer Vorstellung von dem Schönen entspricht. Wie als Fingerübung für eine solche große Dichtung, die bei mir der *Wallenstein* sein soll, wenden wir uns im Sommer einer kleinen Form zu, mit der wir rasch vorbildlich wirken können: der Ballade*.

Für mich ist sie das ideale Mittel, um eine Idee dichterisch umzusetzen und auf den Punkt zu bringen. Die Worte klingen in mir, als wäre ich von einer Last befreit. Nach all den Jahren des geschichtlichen und philosophischen Forschens entsteht in mir neu der Dichter. *Der Taucher* ist die erste Ballade von mir, ein Drama in Kleinform. Da werden Männer von einem unmoralischen König zu einer Mutprobe herausgefordert: Wer einen goldenen Becher vom Grund des Meeres zurückhole, dürfe ihn behalten.
Als dies ein Jüngling wagt und es ihm wirklich gelingt, wirft der König den Becher wieder ins Meer, um noch mehr von den

Schrecken der Tiefe zu hören. Er dürfe sogar seine Tochter zur Frau haben, sollte er in der Tiefe den Becher noch einmal finden. Wieder stürzt sich der Jüngling hinunter, doch taucht er diesmal nicht mehr auf. Die Ballade spricht ohne weitere Erklärung für sich, nämlich von den Freveln der Selbstüberschätzung, der Versuchung des Schicksals und tyrannischer Niedertracht.

So viel Spaß macht es mir, meine Moralvorstellungen in Verse zu kleiden, dass bis zum September gleich sechs solcher Balladen entstehen, darunter *Der Handschuh, Der Ring des Polykrates* und *Die Kraniche des Ibykus.* Auch Goethe liefert Balladen, etwa *Der Zauberlehrling.* In dieser Poesie wetteifern wir fast. Weiter ist da immer noch der *Wallenstein.* Habe ich jemals so um ein Werk gerungen? Im trüben November wird mir plötzlich schlagartig klar: Ich mache den *Wallenstein* in Jamben. Ich schreibe nicht mehr:

„Gut, dass Ihr's seid, dass wir Euch haben! Wusst ich doch, Graf Isolan bleibt nicht aus, wenn sein Chef auf ihn gerechnet hat."

Stattdessen schreibe ich:

„Spät kommt Ihr – doch Ihr kommt! Der weite Weg,
Graf Isolan, entschuldigt Euer Säumen."

Ich begreife nicht, wie ich es je anders habe wollen können, es ist unmöglich, ein Gedicht in Prosa zu schreiben. Nun geht die Arbeit voran und wird doch nie fertig: Es ist ein Meer auszutrinken und ich sehe manchmal das Ende nicht. Nach weiteren Monaten weiß ich angesichts der ungeheuren Masse des Stoffes, dass der *Wallenstein* nicht ein Stück wird, sondern drei. Was mich aber auch antreibt, ist die Tatsache, dass ich diesmal die Aufführung selbst vorbereiten kann, nämlich in Weimar, wo Goethe das Theater leitet. Immer wieder bin ich dort zu Besuch und sehe zu meinem Vergnügen, wie sich die Schauspieler an meine Sprache gewöhnen. Als im Oktober endlich der erste Teil aufgeführt wird, setzt mich das nur noch stärker unter Druck. Der Erfolg ist groß und nun werden auch die weiteren Teile erwartet.

Im März 1799 schließe ich das Drama endlich ab. Wie habe ich mir gewünscht, dieses Werk los zu

sein! Die Dichtung bestimmt nun aber weiterhin völlig mein Leben. Für die nächsten sechs Jahre werde ich mich ausschließlich an das Dramatische halten. Ich muss meinen Geist beschäftigen, schon um über meinen schwachen Körper zu herrschen. Ich bin gedanklich schon an einem neuen Stück: *Maria Stuart.* Darin kann ich an den Personen zweier Herrscherinnen zeigen, wie ein Mensch selbst dann moralisch siegen kann, wenn er körperlich vernichtet wird.

Für meine Mühen bekomme ich bald große Bestätigung: Im April werden in Weimar an drei Tagen die drei Teile des *Wallenstein* aufgeführt und der Erfolg ist außerordentlich. Überall wird über das Stück gesprochen. Auch Karl August ist so angetan davon, dass er wünscht, ich möge nach Weimar ziehen. Dieser Gedanke reizt mich, weil ich so direkt mit Goethe und dem Theater arbeiten könnte.

Leider hätte ich dadurch zusätzliche Ausgaben. Als ich dies dem Herzog schildere, erhöht er tatsächlich mein Gehalt.
Als alles so gut neu beginnt und ich im Oktober wieder Vater werde, und zwar meiner Tochter Karoline, ist plötzlich mein ganzes Familienleben bedroht: Meine Frau befällt ein Nervenfieber. Keine Behandlung hilft, keine Mittel, weder Opium noch Tollkirsche. Manchmal erkennt sie keinen mehr. Und als das Fieber nachlässt, bleibt eine hartnäckige Stumpfheit, Gleichgültigkeit und Abwesenheit des Geistes. Als sie endlich wieder gesundet, bereite ich sofort den Umzug nach Weimar vor. Alle Erinnerungen der letzten Wochen mögen in dem Jenaer Tal zurückbleiben.

Die Weimarer Klassik als Epoche

Schiller und Goethe waren die beiden treibenden Kräfte, ein Programm zu erarbeiten, das als „Weimarer Klassik" bekannt geworden ist. Es ging ihnen darum, mithilfe ihrer Werke das Publikum künstlerisch zu erziehen. Nur mit gebildeten Menschen ließ sich, wie sie glaubten, ein besserer Staat erschaffen. Denn das Gegenteil meinten sie, in Frankreich zu erkennen: Dort hätte unter dem Ruf nach „Freiheit und Gleichheit" der Pöbel die Herrschaft übernommen, sodass nun „Würgerbanden umherziehen" und „Weiber zu Hyänen" werden würden, wie es bei Schiller im *Lied von der Glocke* heißt. Schiller schrieb hier nicht mehr für den Geschmack des Publikums, wie er das in seinen ersten Werken getan hatte, sondern das Publikum sollte sich zu seinen Werken erheben: „Es muss kultiviert genug werden, um das Wahre, Schöne und Gute ohne fremden Zusatz für sich selbst lieb zu gewinnen."

So schufen sich Goethe und Schiller eine ideale Welt, die sie bewusst von der Wirklichkeit absetzten. Als Vorbild galt das antike Griechenland, wo sich angeblich ein Sinn für Maß und Schönheit rein aus-

Die Braut von Messina **(Szene einer Aufführung des Wiener Hofburgtheaters)**

gebildet hatte. Dies sollte sich ein Dichter zuerst aneignen und folglich die klassischen dramatischen Regeln kennen und die Versmaße beherrschen. Schiller trieb diese Überzeugung so weit, dass er ein Theaterstück ganz in diesem klassischen Sinne schrieb: *Die Braut von Messina.* Allein der Rhythmus der Sprache war ihm später so wichtig, dass er alle weiteren Dramen in Versform schrieb.
Tatsächlich hatte das Programm der „Weimarer Klassik" Erfolg, denn Schillers und Goethes literarische Werke wurden später zu *dem* Unterrichtsstoff der Schüler und Studenten. Es ist noch nicht so lange her, dass Lehrer besonders Schillers Balladen komplett auswendig lernen ließen. Von einem gebildeten Deutschen konnte man lange Zeit erwarten, dass er etwa *Das Lied von der Glocke,* das zum deutschen Nationalgedicht geworden war, ganz aufsagen konnte.
Es versteht sich, dass die jungen deutschen Dichter jener Zeit nichts eiliger zu tun hatten, als solche Regeln, die sie als einengend empfanden, von sich zu weisen. Wenn diese dann etwa einen Roman schrieben, war das für Goethe und Schiller wieder nur Ausdruck dafür, wie man sich zum billigen Geschmack des Publikums herunterziehen ließ. Für die Ziele und Werke der jungen Schriftsteller-Generation hatten sie kein Verständnis.

Als Klassiker in Weimar

Der Erfolg des *Wallenstein* treibt mich vorwärts. Wenn ich in einem halben Jahr jeweils ein Stück fertigbringen kann, hoffe ich, bis zu meinem 50. Lebensjahr noch unter den fruchtbaren Theaterschriftstellern einen Platz zu verdienen. Vor allem muss ich auch meine Familie ernähren, wobei ich weiß: Mein Leben ist kurz. Unverzüglich mache ich mich an die Arbeit an dem Trauerspiel *Maria Stuart.*

Leider muss ich die Arbeit monatelang unterbrechen, weil ich einmal wieder eine neue Ausgabe des *Musen-Almanachs* vorzubereiten habe. Dafür schreibe ich endlich auch *Das Lied von der Glocke* fertig. Seit Jahren begleitet mich gedanklich dieses Gedicht. Schon 1788 hatte ich in Ru-

dolstadt eine Glockengießerei besucht, um alles genau zu verstehen: Nun kann ich es in Worte fassen. Ich spiegele den Vorgang des Glockengießens am Ablauf des menschlichen Lebens. *Das Lied von der Glocke* ist für mich ein Aufruf gegen Gewalt und für den Frieden. Goethe ist von dem Gedicht sehr angetan. Danach schreibe ich bis Mitte 1800 die *Maria Stuart* fertig, und damit nicht genug. Gleich anschließend mache ich mich an ein neues Drama: Ich schreibe über die *Jungfrau von Orleans*, die französische Nationalheldin Jeanne d'Arc, die im Hundertjährigen Krieg* den Mut der Franzosen im Kampf gegen die Engländer wieder aufgerichtet hat. Ich zeige darin, wie man im Kampf um die Macht sogar als unschuldiges Mädchen in die menschlichen Intrigen verwickelt wird.

Ich arbeite wie besessen und ruhe erst im April 1801 wieder. Danach be-

suche ich endlich einmal wieder meinen Freund Körner. Ganze fünf Wochen verbringe ich in seinem Kreis mit meiner Familie den Sommer. Als wir am Ende noch eine Aufführung der *Jungfrau von Orleans* in Leipzig besuchen, wird mir mit einem Mal vor Augen geführt, was ich als Dichter inzwischen erreicht habe: Schon im Theater lässt mich das Publikum lautstark hochleben, und als ich danach ins Freie trete, lassen mich die Menschen in ehrfurchtsvoller Stille durch ihre lange Reihe hindurchgehen.

Mir sind solche Ehrbezeigungen unheimlich und machen mich schüchtern, doch genieße ich es auch. Ich sehe, wie auch die Augen meiner Frau blitzen, die sonst so oft mit mir als geplagtem und krankem Mann zu tun hat.

Im Februar 1802 entschließe ich mich, in Weimar ein Haus zu kaufen und damit endgültig in der Stadt zu bleiben. Von überall her muss ich mir Geld leihen. Wochenlang beschäftigt mich das, auch weil ich zugleich das Gartenhaus in Jena verkaufen will. Jena ist mir sowieso fremd geworden. Dort sitzen inzwischen zu viele Spötter meiner Ideen und Vorstellungen.

Im April kann ich dann meiner Mutter von dem Kauf berichten, auf den ich wirklich stolz bin. Ich habe mir das Haus aus der Kraft meines Schreibens erarbeitet. Nie hat meine Mutter verstanden und verwunden, dass ich meine Stelle als Mediziner und auch mein Vaterland verlassen habe. Nun kann sie sehen, was ich erreicht habe: Das Haus hat etliche Zimmer, im Erdgeschoss die Wirtschaftsräume und Zimmer für die Die-

nerschaft, darüber den Wohnbereich für meine Familie und unter dem Dach ein Empfangszimmer, ein Gesellschaftszimmer und mein Arbeitszimmer. Doch als hätte es das Schicksal so bestimmt, stirbt meine Mutter gerade an dem Tag, als wir unser neues Haus beziehen.

Ich widme mich der Arbeit. Nur sie hält mich am Leben. Ich bin so vertieft in die klassische Ausrichtung der Literatur, dass ich tatsächlich eine Wiederbelebung des antiken Dramas versuche. Ich schreibe dazu das Stück *Die Braut von Messina,* das in Weimar sogar ein Erfolg wird. Wenigstens hier haben unsere Bemühungen also Früchte getragen, das Publikum für das Schöne zu bilden.

Danach mache ich mich an ein Stück über den Schweizer Helden *Wilhelm Tell* – ein Stück für das Volk. Es soll ein mächtiges Ding werden und mein Ausdruck von Freiheit sein, so wie

ich sie verstehe: Ein Volk muss seine althergebrachten Rechte leben können. Werden diese durch Gewaltherrschaft bedroht, darf sich das Volk dagegen auch mit Gewalt wehren.

Nach dem *Wilhelm Tell* halte ich inne und stelle fest: In Weimar fühle ich mich inzwischen gar nicht mehr so wohl. Ständig wird hinter vorgehaltener Hand getuschelt und Intrigen werden geschmiedet. Und gegen den Willen des Herzogs geht nichts. Er mischt sich sogar in die Theaterproben ein, was so weit geht, dass ich ihm die Texte meiner neuen Theaterstücke zur Kontrolle vorlegen muss. Wenn ich nur daran denke, wie ich mich im Herbst 1802 vom Kaiser adeln lassen musste, nur damit ich mit meiner Familie auch Zutritt zu Hof habe! Während mir die Sache ziemlich gleichgültig ist, kann meine Frau nun endlich wieder mit der Schleppe am Hof herumschwänzeln. Nein, es gefällt mir hier mit jedem Tag schlechter und ich bin nicht willens, in Weimar zu sterben. Wenn ich nur wüsste, wohin ich sonst gehen könnte! Oder wenn Goethe noch einen Glauben daran hätte, etwas Gutes zu bewirken! Aber er lässt sich in seinem Tagesablauf eher treiben und lebt in bloßer

Beschaulichkeit. Ich selbst will mich jedoch weiter antreiben und mich im Künstlerischen noch einmal übertreffen. Ich bin auf einen neuen Stoff gestoßen: Ein Mann meint, zum Herrscher geboren zu sein, erkennt aber als König, dass er in Wahrheit ein einfacher Mann aus dem Volk ist. Diesen Konflikt will ich in der Person des Jünglings *Demetrius* behandeln, der Zar von Russland wurde. Ich will zeigen, wie jemand nur etwas Großes vollbringen kann, der von sich überzeugt ist. Verliert er den Glauben an sich selbst, verliert er auch seine Macht.

Schillers Werke in der deutschen Geschichte

Als Deutschland im 19. Jahrhundert unter der Führung Preußens allmählich zu einem einheitlichen Staat wurde, blieben die von vielen erhofften Freiheiten aus. Das Deutsche Reich war eine Monarchie. Politische Freiheit gab es nur eingeschränkt. Adel, Besitz und Geld entschieden über die Macht im Staat. Was sich mächtig entwickelte, war die Wirtschaft. Damit stieg der Einfluss Deutschlands in Europa enorm und ein Großmachtsstreben begann. So ließ sich auch leicht von aller Unfreiheit ablenken. Das „Vaterland" stand hoch im Kurs.

Passend für diese Zeit schuf man sich auch einen „vaterländischen Dichter". Schiller war kaum tot, als man anfing, den schon verehrten Dichter überlebensgroß zu machen. Man erhob ihn zu einem Dichtergott. Nicht zu zählen ist die Zahl der Denkmale. Seine Dramen gehörten zum Pflichtprogramm auf den deutschen Bühnen. Allerdings standen einige Werke Schillers bei vielen Herrschenden weiterhin unter Verdacht, zum Aufruhr gegen den Staat aufzuwiegeln. Der *Wilhelm Tell* etwa durfte an manchen Bühnen lange Zeit nur aufgeführt werden, wenn „kritische" Stellen gestrichen waren.

Mit der Zeit deutete man alles Freiheitliche, Revolutionäre in Schillers Dichtung patriotisch um: Schiller stand bald für die Freiheit des Vaterlandes und für das Ideal der bürgerlichen Familie. Zu jeder Gelegenheit zitierte man aus

seinen Werken und nahm sich, was man brauchte, auch wenn es Schillers ursprüngliche Absicht vielleicht verfremdete. Noch heute sind allerdings viele verblüfft, wenn sie erfahren, dass bestimmte Redewendungen von ihm stammen, zum Beispiel: „Die Axt im Haus erspart den Zimmermann", „Drum prüfe, wer sich ewig bindet", „Der lange Rede kurzer Sinn", „Früh übt sich, wer ein Meister werden will". Mit vermeintlich patriotischen Schiller-Worten zogen im Ersten Weltkrieg die deutschen Soldaten in die Schlacht. Selbst die Nationalsozialisten nutzten ihn für ihre Zwecke: Ausgerechnet dieser Mörderstaat machte Schiller, der immer um persönliche Freiheit gekämpft hat, zu einem „Kampfgenossen Hitlers".

Erst mit dem Umbau der Gesellschaft in den Sechzigerjahren des 20. Jahrhunderts, als man sich von den volkstümlichen Traditionen verabschiedete, verloren die Werke Schillers an Bedeutung. Noch immer gehören sie aber zur klassischen Literatur und werden gespielt und studiert. Sie gelten weiterhin als vorbildlich.

Die Szene in *Wilhelm Tell,* in der der Titelheld seinem Sohn auf Anordnung des Landesherrn einen Apfel vom Kopf schießen muss, ist berühmt.

Das letzte Stück zum Tod

Im Frühjahr 1804 gärt es in mir. Noch einmal werde ich bald Vater eines Kindes, was mich dazu bringt, meine Lage zu überdenken. Um meine Gesundheit ist es sehr schlecht bestellt. Manchmal sind meine körperlichen Beschwerden so groß, dass ich es nicht mehr aushalte. Ich habe mir sogar schon gewünscht, dass es nur schon aus wäre. Nur, was geschieht danach mit meiner Familie? Ich muss sie finanziell sicherstellen. Ich muss aus diesem Weimar heraus.

Im Mai fahre ich mit meiner Familie Knall auf Fall nach Berlin, wo Iffland schon lange Zeit um mich wirbt. Dort am Schauspielhaus gibt es ganz andere Möglichkeiten, meine Dramen aufzuführen. Man empfängt mich wie einen Fürsten und macht mir fantastische Angebote: Sollte ich nach Berlin ziehen, bekäme ich eine eigene höfische Dienerschaft, dazu ein Jahresgehalt von 3000 Gulden.

Ganz aufgewühlt komme ich zurück nach Weimar. Ich bespreche mich mit Goethe. Er möchte nicht, dass ich umziehe und wir unsere Freundschaft einbüßen. Ich erkenne, wie ich in Weimar doch absolut frei bin und im eigentlichen Sinn zu Hause. Es dauert nicht lange, da bekomme ich die Nachricht, dass der Herzog mein Gehalt verdoppeln und es auch in den folgenden Jahren weiter erhöhen wird.

Eigentlich sollte es so zu einem neuen Anfang kommen, noch verschönert durch die Geburt meiner zweiten Tochter Emilie. Doch als sie im Juli das Licht der Welt erblickt, sehe ich das Ende vor mir: Ich bekomme solche Leibschmerzen, dass sogar mein Arzt mich aufgegeben hat, wie ich hinterher erfahre. Aber ich kämpfe und wende die Gefahr glücklich ab. Trotzdem merke ich kaum eine Zunahme von Kräften und verliere Wochen aus meinem Leben.

Erst im Oktober kann ich mich wieder mit ruhiger Hand der literarischen Arbeit widmen. Wie es das Glück will, überträgt mir Goethe eine kleine Arbeit, die er selbst nicht leisten will, nämlich ein Festspiel zum Empfang des weimarischen Erbprinzen, der die russische Prinzessin Maria Pavlowna geheiratet hat. Als Dank für diese *Huldigung der Künste* erhalte ich auch einen Brillantring, den ich danach für 500 Taler verkaufen kann. Mit dem Geld löse ich weitere Schulden an meinem Haus ab.
Trotzdem komme ich auch im Winter nicht richtig auf die Beine, und noch schlimmer: Im Februar 1805 packt mich wieder ein schweres Fieber. Wie ich höre, erkrankt auch Goethe schwer. Ich allerdings ringe einmal wieder mit dem Tod.
Als ich nach zwei Wochen gesunde, fühle ich mich zwar wohl und kräftig, doch habe ich diesmal das Gefühl, die harten Stöße haben mich bis auf die Wurzeln erschüttert.

Doch wieder geht es aufwärts mit mir. Auch bringt die bessere Jahreszeit wieder Mut und Stimmung. Für meine Gesundheit kaufe ich mir sogar ein Pferd, weil auch mein Arzt meint, das Reiten würde gegen meine Darmverschlingung helfen. Ich will mich ganz zufriedengeben, wenn mir nur Leben und leidliche Gesundheit bis zum 50. Jahr aushält.

Voller Schwung arbeite ich bald wieder an dem *Demetrius*. Schnell bringe ich die ersten Szenen zu Papier. Wie freue ich mich, meinen Geist neu zu beschäftigen! Auch kann ich wieder mit Goethe zusammen sein, der ebenfalls ganz gesundet ist. Wir sprechen wie in unseren besten Zeiten über unsere gemeinsamen Arbeiten. Ich selbst habe in den Schubladen noch Pläne und Skizzen für so viele Theaterstücke.

Die Bedeutung Schillers

Bei einem Theaterbesuch am 29. April 1805 überwältigte Schiller in seiner Loge plötzlich ein solches Fieber, dass er mit den Zähnen klapperte. Er hatte sich wohl eine Lungenentzündung zugezogen. Sie verlief so schwer, dass er diesmal nicht wieder auf die Beine kam. Zehn Tage später starb er. Noch kurz vor dem Tod sagte er zu seinem Befinden, er fühle sich immer besser, immer heiterer. Da spürte er aber wahrscheinlich schon seinen Körper nicht mehr. Als man Schiller sezierte, also seinen Körper zur Untersuchung aufschnitt, stellte man fest, dass eigentlich nur seine Blase und sein Magen keine Krankheitszeichen aufwiesen. Sein linker Lungenflügel war völlig aufgelöst. Schiller hatte wirklich seinen Geist über seinen kranken Körper herrschen lassen.

Als Schiller mit nur 45 Jahren starb, befand er sich auf dem Höhepunkt seines künstlerischen Schaffens. Sein Stück *Demetrius* hätte dem Theater vielleicht wieder neue Impulse gegeben. Goethe wollte es zu Ende schreiben, der seinerseits im Alter noch bedeutende literarische Werke verfasste.

Als junger Mann war Schiller davon ausgegangen, „als ein Dichter vom ersten Rang zu figurieren“. Das hat er bestimmt erreicht. Schon zu Lebzeiten war er der klassische deutsche Dichter, bekannter und verehrter als Goethe, der hingegen heute Schiller in den Schatten stellt. Dass Schiller inzwischen an Bedeutung verloren hat, liegt aber nicht

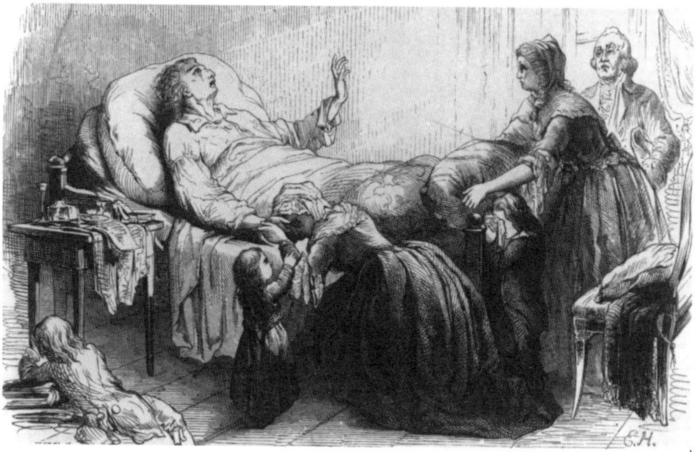

nur daran, dass er so lange als vaterländischer Freiheitsdichter gehandelt worden war; sondern es hat auch schlicht mit dem Medium zu tun, durch das Schiller hauptsächlich wirkt: dem Theater. Dessen Bedeutung hat dramatisch abgenommen. Zuerst entstand als Konkurrenz das Kino, dann das Fernsehen. Schiller hat nicht wie Goethe Lesestoff wie *Die Leiden des jungen Werther* oder *Wilhelm Meister* geschrieben. Trotzdem werden seine Werke immer gespielt werden, sind sie doch der Theaterstoff überhaupt. Und zu diesem Stoff hat er den wunderbaren Zugang besonders über seine Balladen hinterlassen. Über sie kann auch in Zukunft jeder einen Einstieg in die großen Werke eines der absoluten Meister der deutschen Sprache finden.

Schiller auf dem Sterbebett

Glossar

Abel, Jakob Friedrich (1751–1829)	*Deutscher Philosoph, der nach den Idealen der Aufklärung Tugend und Vernunft lehrte; glaubte an die fortschreitende Vervollkommnung des Menschen.*
Ballade	*Ursprünglich ein Tanzlied aus Frankreich. Schildert in knapper Form dichterisch ein sinnreiches Ereignis. In Deutschland als Kunstballade von Goethe und vor allem Schiller auf einen Höhepunkt geführt.*
Chinarinde	*Gewonnen aus dem Chinarindenbaum; bis zur Entdeckung des Penizillins das übliche Mittel zur Bekämpfung der Malaria. Schiller wendete es in Überdosis an.*
Deklamation	*Kunstvoll vorgetragene, wirkungsvolle Rede*
Despot	*Herrscher, der die absolute Gewalt im Staat besitzt*
Feldscher	*Alte Bezeichnung für den Wundarzt, der die verletzten Soldaten kurierte*
Goethe, Johann Wolfgang von (1749–1832)	*Der zweite bedeutende Dichter der Weimarer Klassik. Goethe stammte aus einem großbürgerlichen Elternhaus und konnte zeit seines Lebens aufgrund seiner Erziehung, Ausbildung und finanziellen Absicherung künstlerisch aus dem Vollen schöpfen. Goethe hatte sich früh als Freund des Herzogs Karl August von Sachsen-Weimar-Eisenach, dem er als Minister diente, eine unangreifbare Stellung verschafft.*
Hundertjähriger Krieg	*Kampf der Franzosen gegen die Engländer, der mit Unterbrechungen von 1337 bis 1453 dauerte.*

	Die Wende für die Franzosen erfolgte mit dem Auftreten des einfachen Bauernmädchens Jeanne d'Arc. Am Ende hatte England fast alle seine Besitzungen in Frankreich verloren.
Iffland, August Wilhelm (1759–1814)	*Einer der berühmtesten deutschen Schauspieler, der besonders dem Berliner Nationaltheater zu großem Ansehen verhalf. Er leitete seit 1811 alle Berliner Bühnen.*
Intrige	*Eingefädelte, hinterhältige Machenschaft, um jemandem zu schaden. Im Theater eines der wichtigsten Mittel, um die Handlung vorwärtszutreiben und Spannung zu erzeugen.*
Invalide	*Zu Schillers Zeiten ein kriegsuntauglicher oder ausgedienter Soldat; heute ein Körperbehinderter*
Jambus, der (Plural: Jamben)	*Verseinheit (Versfuß), die im Deutschen aus einer unbetonten, gefolgt von einer betonten Silbe besteht. Beispiel: „Betont."*
Kabale	*Veralteter Ausdruck für Intrige*
Kaltes Fieber	*Bezeichnung für die Malaria, eine von Stechmücken übertragene Infektionskrankheit, die in Schüben verläuft und tödlich enden kann. Diese damals in Europa noch weitverbreitete Krankheit erfasste allein im Sommer 1783 in Mannheim ein Drittel der Bevölkerung und forderte Hunderte Leben.*
Kant, Immanuel (1724–1804)	*Vollendete als einer der wichtigsten deutschen Philosophen die Aufklärung, die die Vernunft des Menschen zum Maßstab für das Denken und Handeln machte. Seine wichtigste Aussage ist der sogenannte kategorische Imperativ, ein allgemeines Gesetz des sittlichen Handelns: Das*

	Ziel des eigenen Handelns soll immer zu einem allgemeinen Gesetz werden können.
Karl August (1757–1828)	*Herzog und Großherzog von Sachsen-Weimar-Eisenach. Es gelang ihm, in der großen Politik mitzumischen und seinem Staat außerordentliche Bedeutung zu verschaffen. Dies lag vor allem daran, dass er als aufgeklärter Monarch viele Geistesgrößen um sich versammelte. Bedeutend wurde er durch sein lebenslanges, freundschaftliches Verhältnis zu Goethe.*
Karl Eugen (1728–1793)	*Trat schon mit 16 Jahren die Regierung des Herzogtums Württemberg an, wo er im Geist des Absolutismus despotisch herrschte. Wandelte sich im Alter zu einem eher gütigen „Landesvater“, der Bildung und Erziehung förderte.*
Karlsbad	*Einer der bekanntesten Kurorte Europas; früher deutsch, heute als Karlovy Vary tschechisch*
Kassation	*Unehrenhafte Entlassung aus dem Staats- oder Militärdienst*
Klopstock, Friedrich Gottlieb (1724–1803)	*Einer der ersten „Klassiker“ der deutschen Dichtung, der in großartiger Bildsprache Freiheit und Menschlichkeit beschwor. Der junge Schiller huldigte ihm, hielt ihn aber später als „Abgott der Jugend“ für gefährlich.*
Körner, Christian Gottfried (1756–1831)	*Gab die erste Gesamtausgabe von Schillers Werken heraus, dessen wichtigster und einflussreichster Freund er war*
Mätresse	*Geliebte eines adeligen Herrschers*
Metamorphose	*Ausdruck für einen Wandel der Gestalt, in der Natur für eine Verwandlung von Pflanzen und Lebewesen, wenn etwa aus einem Samenkorn eine Pflanze entsteht*

Republik	*Staatsform, bei der das Volk herrscht oder, zeitlich begrenzt, seine Vertreter*
Schubart, Christian Friedrich Daniel (1739–1791)	*Dichter und Musiker, der in einer politischen Zeitung unverblümt gegen die despotische Herrschaft deutscher Fürsten anschrieb: Büßte deswegen unter Karl Eugen zehn Jahre lang mit Kerkerhaft.*
Shakespeare, William (1564–1616)	*Bedeutendster englischer Dichter, der mit seinen Dramen über die Zeiten hinweg stilbildend war und in Deutschland großen Einfluss ausübte*
Siebenjähriger Krieg	*Begann als Krieg zwischen Österreich und Preußen um die Vorherrschaft in Mitteleuropa. Bald verwickelten sich darin alle europäischen Staaten, einschließlich Russland. Dabei wurde die Auseinandersetzung auch in Nordamerika ausgetragen, wo Frankreich und England um ihre Kolonien kämpften. Der Krieg dauerte von 1756–1763.*
Solitude	*Schloss des württembergischen Herzogs Karl Eugen, der dort in seinen jungen Jahren ausschweifend residierte. Die Solitude beherbergte zeitweise die Militär-Akademie, die spätere Hohe Karlsschule.*
Wieland, Christoph Martin (1733–1813)	*Deutscher Schriftsteller der Weimarer Klassik, der besonders durch die Herausgabe der Zeitschrift „Der Teutsche Merkur" und durch die Übersetzung der Dramen Shakespeares großen Einfluss auf die deutsche Literatur hatte.*

Zeittafel – Schillers Leben

1759 10. November: Johann Christoph Friedrich Schiller wird in Marbach am Neckar geboren.

1756–1763 Siebenjähriger Krieg

1764 Schillers Familie zieht nach Lorch.

1766 Familie zieht nach Ludwigsburg.

1773 Schiller wird Schüler an der „Militär-Pflanzschule“ bei Stuttgart.

1774 Beginnt Jurastudium

1776 Wird Medizinstudent

1780 Die zweite Abschlussarbeit wird angenommen. Wird Regimentsarzt

1781 Das Schauspiel *Die Räuber* erscheint.

1782 Flieht nach Mannheim, weiter nach Bauerbach

1783–1785 Theaterdichter in Mannheim. *Fiesko* und *Kabale und Liebe*

1785–1786 Reist zu Körner nach Leipzig, dann nach Dresden

1787–1788 Lebt in Weimar, dann in Rudolstadt. *Don Carlos. Geschichte des Abfalls der Niederlande*

1789 Zieht als Professor nach Jena. Französische Revolution

1790 Heiratet Charlotte von Lengefeld

1791–1792 Erkrankt schwer. Erhält ein Stipendium von jährlich 1000 Talern

1793–1794 Reist in die Heimat nach Württemberg. Der erste Sohn Karl wird geboren. Herzog Karl Eugen stirbt. Freundschaft mit Goethe beginnt

1795 *Die Horen* erscheinen.

1796 Der zweite Sohn Ernst geboren. Der Vater stirbt. *Die Xenien.*

1797 Das Balladen-Jahr

1798 *Wallensteins Lager* wird in Weimar uraufgeführt.

1799 *Die Piccolomini* und *Wallensteins Tod* uraufgeführt. Die erste Tochter Karoline wird geboren. Zieht nach Weimar

1800 Schwer erkrankt. *Maria Stuart*

1801 *Jungfrau von Orleans.* Besucht Körner in Dresden

1802 Hauskauf in Weimar. Die Mutter stirbt.

1803 *Die Braut von Messina.* Geadelt

1804 *Wilhelm Tell.* Reist nach Berlin. Schwer erkrankt. Die zweite Tochter Emilie geboren.

1805 Schwer erkrankt. Schiller stirbt am 9. Mai in Weimar.

Inhalt – Schillers Leben

Eine unbeschwerte Kindheit | 6
Militärische Erziehung | 14
Ein dichtender Regimentsarzt | 22
Auf der Flucht | 30
Vertraglich verpflichteter Theaterdichter | 38
Auf der Suche | 46
Professor für Geschichte | 54
Zeit des Wandels | 62
Die größte Freundschaft | 70
Zum klassischen Dramatiker | 78
Als Klassiker in Weimar | 86
Das letzte Stück zum Tod | 94

Inhalt – Sachkapitel

Friedrich Schiller | 5
Leben im 18. Jahrhundert | 12
Württemberg und der Despot Karl Eugen | 20
Die Räuber | 28
Der Beruf des freien Schriftstellers | 36
Die Funktion des Theaters | 44
Das schillersche Pathos | 52
Schillers Äußeres | 60
Schillers Politik | 68
Goethe und Schiller | 76
Die Weimarer Klassik als Epoche | 84
Schillers Werke in der deutschen Geschichte | 92
Die Bedeutung Schillers | 98

Glossar | 100
Zeittafel – Schillers Leben | 104

ARENA BIBLIOTHEK DES WISSENS

LEBENDIGE BIOGRAPHIEN

ISBN 978-3-401-06180-1

Andreas Venzke
Gutenberg und das Geheimnis der Schwarzen Kunst

ISBN 978-3-401-06214-3

Luca Novelli
Marie Curie und das Rätsel der Atome

ISBN 978-3-401-05940-2

Luca Novelli
Leonardo da Vinci, der Zeichner der Zukunft

Eine Auswahl weiterer lieferbarer Titel der Reihe Lebendige Biographien:

Luca Novelli
Edison und die Erfindung des Lichts
ISBN 978-3-401-05587-9

Luca Novelli
Darwin und die wahre Geschichte der Dinosaurier
ISBN 978-3-401-05742-2

Luca Novelli
Einstein und die Zeitmaschinen
ISBN 978-3-401-05743-9

Andreas Venzke
Luther und die Macht des Wortes
ISBN 978-3-401-06041-5

Luca Novelli
Archimedes und der Hebel der Welt
ISBN 978-3-401-05744-6

Andreas Venzke
Goethe und des Pudels Kern
ISBN 978-3-401-05994-5

Arena

Jeder Band:
Klappenbroschur.
www.arena-verlag.de

ARENA BIBLIOTHEK DES WISSENS

LEBENDIGE GESCHICHTE

ISBN 978-3-401-05583-1

Harald Parigger
Sebastian und der Wettlauf mit dem Schwarzen Tod
Die Pest überfällt Europa

ISBN 978-3-401-05979-2

Harald Parigger
Caesar und die Fäden der Macht

ISBN 978-3-401-06216-7

Martin Zimmermann (Hrsg.)
Weltgeschichte in Geschichten
Streifzüge von den Anfängen bis zur Gegenwart

LEBENDIGE WISSENSCHAFT

Stephen Law
Philosophie – Abenteuer Denken

Wie entstand das Universum? Gibt es ein Leben nach dem Tod? Existiert Gott? Was macht Dinge richtig oder falsch? Und könnte es sein, dass unser Leben nur ein Traum ist? Stephen Law diskutiert die großen Gedanken der Philosophie in ganz alltäglichen Zusammenhängen. Ein Buch für Nachwuchsphilosophen und Querdenker.

Nominiert für den Deutschen Jugendliteraturpreis.

ISBN 978-3-401-06178-8

Arena

Jeder Band:
Klappenbroschur.
www.arena-verlag.de

ARENA BIBLIOTHEK DES WISSENS

AKTUELL

ISBN 978-3-401-06172-6

Gerd Schneider
Politik

ISBN 978-3-401-06222-8

Gerd Schneider
Globalisierung

ISBN 978-3-401-06219-8

Ruth Omphalius /
Monika Azakli
Klimawandel

Souad Mekhennet / Michael Hanfeld
Islam

Der Islam kommt in Verruf als Religion der Gewalt. Souad Mekhennet und Michael Hanfeld spüren der wahren Natur dieser Religion jenseits des Radikalismus nach. Was macht den Islam tatsächlich aus? Ist er das, was uns regelmäßig in Form von Gewalttaten in den Medien begegnet? Mit hoher Fachkompetenz widmen sich die Autoren dem Zerrbild, das den islamischen Glauben verfälscht. Ein wichtiger Beitrag zu Kommunikation, Frieden und Verständigung zwischen den Kulturen.

ISBN 978-3-401-06220-4

Arena

Jeder Band:
Klappenbroschur.
www.arena-verlag.de